CHANGE
체인지

체인지 CHANGE

초판 1쇄 인쇄 | 2010년 10월 20일
초판 1쇄 발행 | 2010년 10월 25일

지은이 | 김향안
펴낸이 | 조종현
펴낸곳 | 북오션

종 이 | 대한실업
출 력 | 푸른서울
인 쇄 | 정민문화
출판신고번호 | 제313-2007-000197호

주 소 | 서울시 마포구 서교동 468-2번지
이메일 | bookrose@naver.com
전 화 | (02)322-6709
팩 스 | (02)3143-3964

ISBN 978-89-93662-26-9 (03320)

*책값은 뒤표지에 있습니다.
*잘못 만들어진 책은 구입하신 서점에서 교환해 드립니다.

CHANGE

체인지

김항안 지음

북오션

변화가 필요하기 전에 변하라!

성공하는 사람은 실패하는 사람보다 딱 한 걸음 앞서 있다. 실패하는 사람이 낡고 익숙해진 것 앞에서 변화를 망설일 때, 성공하는 사람은 그 지경까지 가지 않고 발 빠르게 변화의 물꼬를 튼다. 그들은 남들이 이르다고 할 때, 무모하다고 할 때, 불가능하다고 할 때 실패를 두려워하지 않고 대담하게 한 걸음 나아간다.

지금 당신은 어떠한가? 매일 마시는 아메리카노, 7시 15분에 울리는 알람, 3년째 고수하고 있는 낡은 업무 스타일, 수십 년간 바꾸지 않는 패션 코디, 먼지만 켜켜이 쌓인 책들과 절대 받아들이지 않는 최신 정보들, 매일 사장되는 수많은 결심들……. 어쩌면 당신은 그것이 나만의 취향이자 고집이라고 말하고 싶을지도 모르겠다. 물론 반드시 지켜야 할 당신의 몇 가지 좋은 습관과 취향을 모두 다 내다 버리라는 말은 절대 아니다. 다만 오늘도 고집스럽게 지키고 있는 '이제 그만 버려야 할 것들'과 과감히 헤어지라는 것이다. 남들이 내놓는 최신 아이템에 늘 입맛을 다시고 헐레벌떡 유행만 좇고 있다면 유감스럽지만 당신에게는 미래가 없다. 절망스러운가?

필자는 독자들이 자신의 상황에 절망을 느낀다면 이 책의 목표를 다 이루었다고 감히 말하겠다. 절망은 변화의 시작이며, 위기는 당신을 살리는 기회이기 때문이다. 한 가지 사실을 덧붙이자면 변화의 신호는 언제나 우리들 주변을 맴돌고 있으며, 그것을 잡느냐 못 잡느냐가 오늘날의 경쟁력이다.

마음속에 현실의 안주라는 안전벨트를 꽁꽁 싸매고 사는 사람은 변화의 전주곡을 들을 수 있는 귀도 트이지 않고, 안전벨트를 풀 수 있는 용기도 생기지 않는다. 변화가 두려운 사람들은 늘 이렇게 말한다. "하던 대로 하지, 그걸 바꿔서 뭐하려고?" 하지만 진정으로 변화를 즐기는 사람은 이렇게 말할 것이다. "길들여지면 지는 것이다. 남보다 1초 먼저 바꾸자." 남보다 앞선 변화를 시도하는 사람들이 지금 당장 이목을 끌 수 있을까? 단언하건대, 없다! 하지만 그들에게는 미래가 있다.

살아남는 종(種)은 강인한 종도 아니고, 지적 능력이 뛰어난 종도 아니다. 결국 변화에 가장 잘 적응하는 종이 살아남는다는 찰스 다윈의 말을 생각하라! 이 책을 통해 변화의 고통을 감당하는 자만이 세상을 얻을 수 있다는 사실을 깨닫기 바란다.

김항안

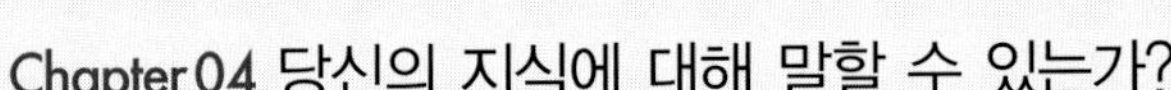

Chapter 04 당신의 지식에 대해 말할 수 있는가?

Chapter 05 성공을 부르는 1% 습관 보고서

Chapter 01

마음을 거느리는 자가 세상을 지배한다

인간은 마음에 품은 생각을 행동으로 사실화시키는 것을 되풀이하면서 하루를 산다. 그리고 우리는 이것을 습관이라고 부른다. 이 습관으로 인해 "나는 정말 머리가 나쁜가 봐", "오늘도 나는 결국 실패하고 말 거야!"라는 고정관념을 달고 사는 것이 우리네 모습이다. 당신은 어떤 마음의 그릇을 가지고 있는가?

자신이 특별한 존재임을 믿어라

알베르트 아인슈타인, 스티븐 스필버그, 프로이트, 모딜리아니 등은 세계적으로 유명한 사람들이다. 그들이 하는 일은 모두 다르지만 유태인이라는 공통점을 갖고 있다. 세계적인 화장품 에스티 로더, 청바지의 대명사 리바이스, 프랑스 자동차의 최고봉 시트로앵도 유태인이 세운 회사이다. 또 1901년 이후 노벨상 수상자 270명 가운데 무려 45퍼센트인 122명이 유태인이다.

수천 년 동안 나라 잃은 서러움을 안고 여기저기 떠돌아다녀야 했던 국제적인 방랑자 유태인들이 세계 곳곳에서 부와 성공을 함께 일궈낸 비결은 과연 무엇일까? 혹시 그들은 특별한 유전인자를 타고난 민족일까?

숫자 기억 부분의 세계 기네스 보유자인 유태인 에란 카츠는 이 물음에 다음과 같이 말했다.

"유태인들은 시간과 장소와 환경에 관계없이 잠재력을 개발하고, 자신이 가진 두뇌능력을 향상시키는 원칙을 실천해 간다."

그가 말하는 유태인 두뇌개발의 첫 번째 비밀은 바로 '상상력'이다. 16살의 어린 나이에 길을 걸으면서 "인간도 빛의 속도로 달릴 수만 있다면!" 하고 상상했던 아인슈타인은 상대성원리라는 놀라운 결실을 인류에게 선물했다. 유태인들은 어떤 질문이라도 회피하기보다는 가장 빠르고 정확한 답을 찾으려고 노력한다.

5킬로그램의 무게밖에 되지 않는 인간의 뇌는 1초에 800여 개의 기억을 저장할 수 있는 능력이 있다고 한다. 또한 150억 개의 세포로 이루어져 있으며 각 신경은 마치 섬세한 슈퍼컴퓨터와도 같다. 만약 뇌가 가진 모든 잠재능력을 합하여 하나의 컴퓨터로 만든다면 미국 뉴욕에 있는 엠파이어스테이트 빌딩만 한 공간이 필요하다고 한다. 그것을 원활하게 작동시키기 위해서는 실로 어마어마한 전력이 소요된다고 하니, 인간의 잠재력이란 이렇게 상상을 초월한다.

보통 사람은 뇌 능력의 10퍼센트 이하만 사용하고 90퍼센트는 사용조차 해보지 못하고 죽는다고 한다. 만약 누군가가 자기 뇌의 15퍼센트만 사용한다 해도 아마 그는 천재라 불릴 것이다. 이 얼마나 신나는 일인가? 하지만 그렇게 상상만 하고 있는 당신에게도 그 능력이 있다. 지금 당장 무엇을 해도 될 것만 같은 힘이 느껴지는가? 실패도 두렵지 않은가? 당신은 존재만으로 특별하다.

실패 뒤에는 반드시 성공이 있다고 스스로 믿어보자. 당신의 뇌에는 150억 개의 세포가 살아 숨 쉬며 능력이 발산되기를 원하고 있다. 아침마다 외쳐보자.

"나는 위대한 사람이다. 그리고 아주 특별한 존재다."

이 세상에서 가장 불행한 사람은 무슨 일이든 시도조차 해보지 않고 미리 포기하는 사람이다. 실패를 두려워하는 사람은 실패의 노예가 될 수밖에 없다. 스스로 자신의 주인이 되기를 포기하고 노예가 된 사람이 어떻게 성공할 수 있겠는가? 누구나 실패를 할 수 있다. 단, 실패를 하더라도 얽매이지 말고 빠져나와야 한다. 상상할 수 없는 놀라운 힘이 당신의 마음속에서 때를 기다리고 있음을 잊지 말자.

직업에 자부심을 가진 자, 못 가진 자

미국의 한 연구소에서 20년이라는 오랜 시간 동안 억만장자가 되는 비결에 대해서 조사를 했다. 우선 억만장자가 될 수 있다고 생각되는 사람 3천 명을 선발하여 두 그룹으로 나누어 직장에 대한 만족도를 면밀하게 추적했다고 한다.

그 첫 번째 그룹은 자신의 적성에 맞지는 않지만 많은 돈을 벌 수 있다는 조건 하나 때문에 지금 다니는 직장을 선택한 사람들로, 전체의 85퍼센트를 차지했다. 반면 돈보다는 자기 적성에 맞고 일에 대한 자부심을 더 중시 여기는 15퍼센트의 사람들이 두 번째 그룹에 속했다.

20년 후 연구 결과는 놀랄 만한 것이었다. 조사 대상 3천

명 중 101명만이 억만장자가 되었는데, 단 한 사람을 제외하고는 모두 돈보다는 자기가 좋아하는 직업을 선택한 것을 자랑스럽게 여기면서 일한 사람들이었다.

자신의 직업에 대한 자부심이 없는 사람이 일에 몰입하기란 쉽지 않다. 싫든 좋든 많은 직장인들은 하루에 최소한 여덟 시간, 일주일에 닷새, 즉 인생의 많은 시간을 회사에서 보내고 있다. 자기가 맡은 일에 최선을 다하며 열정적으로 일하

는 데 어떻게 성공의 신이 따라붙지 않겠는가!

학자들은 지금 우리가 살고 있는 이 시기를 '마음의 경제 시대'라고 한다. 마음의 경제란 스스로 좋아서 일을 하는 사람들이 성공하는 경제를 말한다. 당신이 선택한 일이 설령 만족스럽지 못하더라도 최선을 다해보자. 그 속에서 새로운 기쁨을 맛볼 수 있을 것이다.

일을 하는 데 있어 원칙을 세우고 그 원칙에 따라서 힘차게 살아가는 사람이 되어야 한다. 또한 자신이 결정한 원칙을 스스로 존경하고 높이 평가하면서 그것을 성취시키기 위해 최선을 다하는 삶을 살아가는 사람만이 자신의 직업에 자부심을 가질 수 있다.

자부심을 키우기 전에 선행되어야 할 일은 먼저 다른 사람의 자부심을 인정해줘야 한다. 존경받는 사람이 되기 전에 먼저 다른 사람을 존중하는 자세가 필요하다. 상대방에 대해 배려심이 있는 사람만이 자부심을 가졌을 때 오만함으로 비쳐지지 않는다.

마음을 거침없이 세팅하라

"생각을 바꾸면 행동이 바뀌고, 행동을 바꾸면 습관이 바뀌고, 습관을 바꾸면 성격이 바뀌고, 성격을 바꾸면 운명이 바뀐다"는 말이 있다.

아직도 자신이 성공과 멀리 있다고 생각하는 사람은 자신의 마음을 한번 들여다보라. 갈수록 "이제 나는 틀렸어!"라는 생각으로 자신감과 의욕을 상실한 사람들이 많아지고 있다. 무슨 일을 해도 안 된다고 생각하기 때문에 실패할 수밖에 없는 것이다. 만약 당신도 이 같은 부류의 사람이라면 무엇보다도 자신감을 회복하는 일에 마음을 다하자.

"나도 할 수 있다"는 마음을 잉태하는 것이다. 태아를 잉태하지 못한 산모가 새 생명을 탄생시킬 수 없듯, 성공하고 싶은 마음이 잠재의식처럼 굳게 자리를 잡아야 성공할 수 있다. 원래 인간의 마음속에 자리하고 있는 잠재의식은 거짓말을 하지 않는 법이다. 사람의 모든 생각을 정확하게 받아들여 곧바로 현실로 나타나게 하는 것이 잠재의식으로, 이것이야말로 사람의 진짜 성품을 알게 해주는 마음이다.

통상 우리는 다른 사람에 대해 "마음이 좋다", "통이 큰 사람이다", "마음씨는 좋은데 성질이 급한 것이 문제다", "딱딱하다", "마음씨가 부드럽다" 혹은 "심성이 곱다"고 표현한다. 이는 마음을 표현하기 위한 방법일 뿐 마음 자체가 그러한 형태를 가진 것은 아니다. "저 인간은 속이 검다"라고 할 때도 마음씨가 색깔을 가진 것은 아니다. 때로는 마음씨가 썩을 대로 썩은 사람이라는 평판을 들을 때도 있다. 그런 썩어 빠진 마음의 지배를 받는 사람이 어떻게 성공하는 자의 마인드를 가질 수 있겠는가?

본래 마음이란 일정한 형태로 태어나는 것이 아니다. 스스로 부드러운 마음의 통에 자신의 마음을 넣고 "나는 이런 마음씨를 가진 사람이 되겠다!"는 목표를 세우고 노력할 때만 가능한 일이다.

아무리 위장이 튼튼한 사람도 근심, 걱정 때문에 잠을 이루지 못하면, 밥맛을 잃고 진수성찬도 무용지물이 된다. 갈증을 해소하기 위해서 시원하게 마신 물이 더럽다는 것을 알면 갑자기 메스껍게 느껴져 울컥 토해내고 싶은 마음이 들기도 한다. 문제는 조금 전에 마신 물이 변한 것이 아니라, 더럽다는 마음이 그 물을 대하는 태도를 바꿔놓은 것이다.

예를 들어, 화기애애한 분위기에서 식사를 하다가 남편이 툭 던진 한 마디가 아내의 마음을 뒤집어 놓으면 밥맛이 삼십육계 줄행랑을 치듯 금세 사라지기 마련이다. 이렇게 인간은 지금 이 순간 어떤 마음을 가지느냐에 따라서 행동이 달라진다. 마음에 그려져 있는 그대로 행동이 나타난다는 말이다. 결국 그 행동을 통해서 자기의 환경을 만들어가는 것이기 때문에 당신에게 주어진 '현재' 라는 시간은 스스로 뿌린 씨앗과 같은 것이다.

'난 이제 잠옷을 입었으니 성경책을 들고 교회에 갈 시간이다!' 라는 생각에 잠옷을 입은 채 교회로 가는 사람은 없다. 외출하기 위해서 정장을 하고 구두를 신고 모자를 쓰고 가방을 들고 나가면서 '화장실에 갈 시간이다!' 라는 마음을 품고 화장실로 달려가는 바보는 없다는 말이다.

인간은 마음에 품은 생각을 행동으로 사실화시키는 것을 되풀이하면서 하루를 산다. 우리는 이것을 습관이라고 한다.

이 습관으로 인해 생긴 "나는 정말 머리가 나쁜가 봐!", "오늘
도 나는 결국 실패하고 말 거야!"라는 고정관념은 그 사람을
성공하지 못하도록 하는 방해제가 된다.

아침에 눈을 뜨는 순간부터 "나는 오늘 최선을 다할 거
야!" 하고 결심을 하는 사람은 비록 힘들고 어려운 일이 생겨
도 힘들어 하지 않는다. 무엇이든지 마음속에서 정한 것이라
면 반드시 그것이 행동으로 나타난다고 믿고 스스로 그 마음
을 품도록 노력하면 된다. 결국 성공은 당신이 지금 어떤 마
음을 품고 있는가에 달려 있다.

사랑하는 사람을 기쁘게 해주고픈 마음만 있다면 비록 자신이 힘들어도 그 수고를 아끼지 않는다. 자기가 좋아하거나 사랑하는 사람은 이미 타인이 아니라, 자기 자신이라고 생각하기 때문이다. 또 나와 그는 둘이 아니라 하나라는 생각에 그의 기쁨은 곧 나의 기쁨이기 때문이다.

그러나 싫어하는 사람, 꼴도 보기 싫은 사람에게는 어떻게 하는가? 그가 싫어하는 생각과 말과 행동을 해서 그 사람의 마음을 아프게 한다. 여기에 성공 비결이 있다. 내 마음에 기쁨이 넘치기 위해서는 먼저 주변에 있는 다른 사람의 마음에 기쁨을 주는 사람이 되어야 한다. 나로 인해 생긴 상대의 마음에 잉태된 기쁨은 결국 내 기쁨이나 마찬가지가 아니겠는가? 그러므로 많은 사람을 좋아하고 기쁘게 해줄수록 나의 기쁨도 배가 되니, 그 순간을 성공이라 불러도 이의를 달 사람은 아마 없을 것이다.

역경이 주는 선물, 기회

대부분의 사람들은 역경을 만났을 때, 나쁜 사람을 만난 것처럼 기겁하면서 달가워하지 않는다. 그럴 경우 대부분 낙담하고 실망에 빠져, 어두운 얼굴을 하고 스스로를 돌보려 하지 않는다.

그러나 우리가 알아야 할 것이 하나 있다. 지금까지 살아오면서 어떤 고난도 우리를 이 세상에서 사라지게 할 만큼 큰 위력을 가진 적은 없었다는 점이다. 그것은 "고난도 지나고 보면 기쁨이다"라는 말과 같다. 고난 그 자체는 결코 절대적인 것이 아니라, 상대적이라는 말이다. 내게 닥친 역경을 어떻게 대하느냐에 따라서 그 모습은 각양각색으로 달라진다. 불청객인 역경이 왔을 때 즉시 손을 들고 항복하는 것은 역경의 포로가 되는 것이나 마찬가지이다. 그러면 금세 역경은 더욱 포악스럽게 돌변하여 우리를 하수인쯤으로 생각하는지 근심과 걱정의 감옥에 몰아넣고, 일할 맛은 물론 살맛, 잠맛, 밥맛을 앗아간다. 결국 남는 것은 죽을 맛뿐이기 때문에 하루하루를 모래알 씹는 심정으로 살 수밖에 없다.

반면, 역경이 없는 사람은 속빈 강정 같은 연약한 존재이다. 인간은 고난을 통해서 더욱 성숙해지고 발전의 발판을 만들 수 있기 때문이다. 인생살이에서 겪어야 하는 고난이라는 변화에 어떻게 대응하느냐에 따라 그 사람의 그릇이 결정된다. 어느 날 갑자기 찾아온 고난 때문에 지금까지 상상할 수 없었던 자기의 능력을 발휘하는 사람도 있고, 갑작스러운 가장의 죽음으로 아내가 생활 전선에 뛰어들어 큰일을 이루는 사람들도 있다.

때로는 오늘의 고난이 내일의 나를 강하게 만드는 자극제가 되기도 한다. 타고난 재능이 고난과 함께 노력이라는 과정을 통해서 능력이 발휘되는 경우이다. 자기 분야에서 괄목할 만한 업적을 남긴 사람들의 공통점이 있다. 그것은 모두 아주 열렬히 살았다는 사실이다. 과학, 정치, 문학 등 어떤 분야에서든 정상에 선 사람은 그 지위를 유지하고 한 단계 더 성숙하기 위해 부단한 인내와 노력의 시간을 보낸다.

"천재가 천재다운 이유는 비길 데 없는 인내에 있다"는 말이 있다. 그들은 결코 지치지 않고 싫증도 내지 않는다. 일분 일초도 아끼며 일을 한다. 다가오는 고난이 오히려 삶의 활력소가 되었다고 고백하는 사람들도 있다.

뉴턴은 "만일 나에게 남보다 뛰어난 점이 있다면, 그것은 오직 납득이 가는 해결방법을 찾을 때까지 그 문제와 끊임없이 부딪치고 반복해서 캐물을 수 있는 능력이다"라고 말했다. 이것이 바로 자기 의지의 힘인데, 그것을 끌어올리기 위해서는 강한 인내심으로 무장된 용기가 동반되어야 한다. 어려움에 맞서 싸울 수 있는 끈기가 바로 자신을 발전시키는 에너지이다.

역경을 얼마나 잘 넘기느냐는 정해진 목표를 향해 생각한 대로 최대의 힘을 집중시키는 데에 있다. 만일 자신이 남보다 체력적으로 뒤쳐져 있다고 생각한다면, 남보다 시간을 더 투자하여 보다 집중적으로 하면 된다. 단점을 찾은 것만 해도 당신은 이미 기회를 선물로 받은 것이나 마찬가지이다.

젊었을 때는 주위 사람들뿐만 아니라 본인도 자신의 재능을 모르는 경우가 일반적이다. 여러 차례의 시련을 거듭한 후에야 비로소 자신도 할 수 있다는 자신감을 얻게 된다. 그 노력은 하루아침에 이루어지지 않는다. 세월이 약이라는 말처럼 많은 시간을 가지고 단련된 힘이라야 한다.

건강해지기 위해 운동을 하는 사람들이 있는가 하면, 몸매를 가꾸기 위해 불철주야 운동에 목숨을 걸기도 한다. 그런데 며칠 운동을 해놓고 근육이 나오기를 바라는 양심불량들도 많다. 하지만 소위 '몸짱' 이라 불리는 사람들은 몇 년, 아니 평생 그 같은 몸을 유지하기 위해 부단히 공을 들인다.

운동선수들은 어떠한가? 그들은 한순간 찾아온 기회를 승리로 만들기 위해서 수많은 역경을 스스로 만들어 그것과 함께 싸우면서 승리할 힘을 비축한다. 그렇게 단련된 힘이라야 산 속 바위틈에서 솟아 나오는 샘물은 시냇물이 되고, 다시 작은 강에서 용솟음치는 바다가 되며 최후에는 깊이를 알 수 없는 망망대해의 일부가 되는 것이다.

어떤 고난도 해결방법 없이 찾아오지 않는다. 피하지 말고 붙잡고 씨름하는 사이에, 나는 승자가 되고 역경은 패자가 될 것이다. 역경이 꼬리를 내리고 한 길로 왔다가 일곱 길로 내뺄 때 당신은 역경을 이긴 진정한 승자가 될 수 있다.

역경을 친구로 생각하고 내 삶에 잠시 찾아드는 철새와 같은 불청객이라고 생각한다면 역경은 귀한 손님이 될 수 있다. 그런 마음이라면 좋은 스승이 될 수도 있다. 나의 인생을 자극하고, 잠자고 있는 능력을 일깨워 신념, 복종, 인내를 동원할 수 있는 기회를 주기 때문이다.

인간은 세상을 살아가는 동안 아무것도 하지 않고 살아갈 수 없다. 노력하여 새로운 삶을 개척하면서 살아가든지, 아니면 현재에 만족하면서 살아야 한다. 인생에 있어서 진보가 없다면 그것은 곧 후퇴를 말한다. 제자리걸음인 인생은 없다. 아무리 어렵고 힘들지라도 그것을 넘어 전진하다보면 역경이 당신에게 날개를 달아줄 기회를 선물해줄 것이다.

지혜를 가진 승부사가 이긴다

성공하는 사람들을 보면 남다른 재주나 특별한 능력이 있어서라기보다는 보통 사람에게서는 찾아볼 수 없는 특별한 그 무엇인가가 있다. 힘들고 어려운 상황이 닥치면 사람들은 대부분 포기를 선택하지만, 성공한 사람은 그 과정을 참고 견디면서 묵묵히 전진한다.

인생을 살다보면 낙심의 찰나와 포기하고 싶은 마음이 드는 순간이 온다. 그러나 성공하는 사람들은 실망하지 않고 끝까지 목표를 향하여 돌진한다. 그 힘이 바로 그 사람의 지혜이다. 그는 말과 행동이 언제나 일치하며, 이치에 맞는 이야기를 하고 존경받는 행동을 한다. 하는 말에도 지혜가 넘친다. 지혜로운 말을 할 수 있는 것은 두뇌의 명석함도 필요하지만, 바른 행동을 할 수 있도록 해주는 마음이 있기에 가능하다.

지혜로운 사람의 행동은 타인에게 모범이 되며 주변에 사람들이 항상 모여 든다. 그의 바른 말과 행동 속에 사람들을 부르는 힘이 녹아 있기 때문이다.

　지혜로운 사람은 자신의 지식에 자만심을 갖지 않으며, 다른 사람으로부터 많은 지식을 배우기 위해 노력한다. 모임 같은 데 나가 발언하는 경우에도 그동안 수많은 사람들의 의견을 열린 마음으로 수용했기에 자신의 생각을 다양하게 이야기할 수 있다. 또한 현명한 사람들의 지혜를 귀담아 들을 줄 아는 마인드를 가지고 있기 때문에, 그들의 명예나 자랑거리도 손안에 넣을 수 있다. 지혜 있는 사람을 가까이 두는 것이 성공을 향한 첫걸음이다.

　재능을 타고난 사람일수록 결점도 많은 게 사실이다. 결점을 고치지 않고 내버려두면 점점 악화되어 이기적인 폭군처럼 사람들을 지배하기 시작한다. 결점을 극복하는 첫걸음은 우선 그 결점의 정체를 파악하는 지혜이다. 최대의 결점이 무엇인가를 알아야 고칠 수 있는 방책이 나온다. 자신의 결점을 비난하고 헐뜯는 사람들 못지않게 자기 스스로 그 결점을 고치기 위해 해야 할 일을 곰곰이 생각해보고 자신을 자제하는 노력이 필요하다.

Chapter 02

말 잘하는 사람들의
특별하지 않은 비법

좋은 대화에는 '1-2-3원칙'이 있다고 한다. 한 번 말하면 두 번 듣고 세 번은 맞장구 쳐 주라는 뜻이다. 빌 게이츠는 대화중에 수시로 "Really? Excellent! And then what happens?"라고 말하면서 대화에 몰입하는 동시에 상대의 흥을 북돋워준다고 한다. 반대로 남의 말을 듣기보다 자신의 말만 앞세우는 사람은 독재자나 다름없다.

상대의 마음을 사로잡는 대화

 대화는 인간과 인간의 만남을 이어가는 든든한 가교 역할을 한다. 대화를 통해서 하나가 되는가 하면 본의 아니게 멀어지기도 한다. 대화에 능하고 몰두하는 사람은 성공하고, 늘 자기 생각만 고집하며 상대방의 입을 닫아버리는 사람에게 남는 것은 아쉬움과 좌절뿐이다.

한 마디로 무엇이 성공적인 대화인가를 설명한다는 것이 쉬운 일은 아니지만, 말을 잘하고 못하고에 따라 처음 만나는 사람에게 전혀 다른 인상을 주게 된다. 여기서 좋은 인상을 주는 사람과 그렇지 못한 사람은 인생의 항로를 항해하는 데 큰 차이가 나타난다.

“나는 말을 잘 못해서…….”

“그렇게 설명했는데도 알아듣지 못하니?”

전자는 기술적인 결함이 문제이고, 후자는 청취능력에 문제가 있다. 어떤 사람은 대화술이 부족하고 어떤 사람은 말만 많지 표현력과 핵심이 없다는 뜻이다.

자신이 생각하고 있는 것을 적절한 표현력과 제스처를 써서 전달했다면, 상대방이 알아듣지 못할 리가 없다. 문제는 말하는 사람의 대화능력에 있다. 대화를 할 때 가장 중요한 것은 상대방의 입장에 서서 그의 마음에 호소할 수 있는 힘을 가진 정신적 에너지이다. 원활한 대화의 성패 여부는 기술에 있는 것이 아니라 상대방의 마음에 얼마나 절실히 다가가 공감을 얻어내느냐에 달려 있다.

중국의 《손자병법》에 “적을 알고 나를 알면 백전백승”이란 말이 있다. 서로의 마음이 통하는 대화, 목적을 달성하기 위해 상대방의 마음을 움직일 수 있는 힘을 기르자면, 우선 자신의 말하는 방법과 듣는 방법부터 파악해야 한다. 아울러 인간의 심리를 움직이는 원동력을 알아야 좋은 인상을 주는 달변가로 인정받을 수 있다.

대화의 내용을 상대방이 알아듣지 못했다고 해서 상대방을 탓할 일이 아니다. 알아듣지 못하도록 설명한 당신에게 허

물이 있다. 대화에 능숙한 사람이 되려면 우선 인간학 전문가부터 되어야 한다.

"저 사람 속은 도대체 알 수가 없어."

"저 사람은 바보야."

"대체 무슨 생각을 하고 있는 거지?"

이런 말을 한 적이 있다면 상대에 대해 얼마나 무심했는지 각성할 필요가 있다. "이해하기 힘든 사람까지 이해하면서 어떻게 살아? 난 나답게 살겠어"라고 말한다면 대화를 잘하고 못하고를 떠나 장차 사회생활을 하는 데 있어 큰 난관에 부딪칠 수 있다.

열 사람을 만나 얘기를 나누고도 한 사람과도 마음을 터놓지 못한다면 자신의 대화능력을 한 번쯤 의심해보아야 한다. 보통 직장생활에서는 그 발단이 회의시간에 발생한다. 특히 업무의 차질이 빚어졌거나 회사에 막대한 손실이 예상되는 경우, 공식적인 자리에서 자신의 보호망은 굳건히 만들고 동료에게 모든 책임을 전가하는 발언을 일삼는 사람들을 본 적이 있을 것이다. 대화가 잘 통하지 않는 것을 남의 탓으로 돌리는 사람은 무슨 일을 하든 성공하기 어렵다. 또한 상대에게 좋지 못한 인상을 줄 것이고 팀워크에도 큰 문제가 야기될 것이다.

관계를 무시하고 남의 탓으로 돌리며 대화술 익히기를 거부하는 사람에게 인간의 존재를 이해시키기란 매우 어렵다. 이런 사람은 가치 있는 인생을 설계하기도 어렵거니와 때에 따라서 스스로 무덤을 파는 꼴을 자초하게 된다.

대화에 능숙한 사람은 사람에 대해 잘 알고 있다. 단, 인간 존재에 대해 너무 어렵게만 생각하는 것은 좋지 않다. 즉, 세상을 가능하면 단순하게 생각해보자. 어린아이들과 대화하기가 쉽다고 하는 이유는 그들이 잘 경청하고, 이것저것 따지지 않고 상대방의 말이나 생각을 잘 수용하기 때문이다. 일단 경청하는 사람이 말하는 사람의 목적이 무엇인지 따지고 이해득실을 저울질하면서부터 대화는 어려운 국면을 맞는다. 아무리 좋은 말이라 할지라도 듣는 사람 입장에서 자신에게 해가 된다고 생각하면, 그 말을 애써 기억 속에서 지워버리려고 노력하기 때문이다.

인간은 타고난 성격이나 환경, 사회적 지위 등에 따라 그 사고방식의 모양이나 행동양식이 달라진다. 그러나 인간 표면에 드러난 사고나 언동의 측면이 아니라, 인간 내면 깊숙한 곳에 자리 잡고 인간의 마음을 조절하는 기쁨, 슬픔, 유쾌함, 불쾌감, 분노, 두려움 등의 일반적인 감정적 측면은 그렇지 않다.

예를 들어 아들이 죽었는데 기뻐할 부모가 있을까? 돈이 너무 많다고 자살하는 사람이 있을까? 예의 바른 행동에 불쾌해 하는 사람이 있을까? 욕을 먹고 즐거워할 사람이 있을까? 배신당하고 감동할 사람은?

이처럼 인간의 감정을 자극하는 근본적인 원인은 같겠지만, 표면에 드러나는 형태는 사람마다 다르다. "신은 인간을 평등하고 동일한 형태로 창조하였다"는 말이 있지만 꼭 그렇지만은 않다. 최소한 대화에 있어 인간의 사고와 능력, 행위는 분명한 차이를 보이기 때문이며, 그것은 결국 성공과 실패를 가르는 기준이 된다.

회사에서 어려운 업무를 부하직원에게 미루는 상사가 있다고 가정해보자. 상사는 요령껏 일하지 못하는 그가 답답할 때도 있지만 시키면 해내고야마는 성격을 알기 때문에 좋은 점도 있다. 한편 부하직원은 상사가 하기 싫은 일을 시킨다는 걸 알면서도 한 번도 거절하지 못한다.

그런데 과연 아무 말 없이 묵묵히 일하는 직원이 회사에서 능력 있는 사원으로 꼽힐까? 그는 해결사일 뿐 자신의 주장을 내세우지 못하는 우유부단한 사람으로 낙인 찍혀 있을 것이다. 남의 말을 잘 들어준다는 것은 무조건 긍정하고 수용하는 태도가 아니다. 적절하게 거절하고 센스 있게 비평하는 것도 대화를 잘하는 방법임을 명심하자.

말하기보다 뛰어난 전술은 없다

이 세상은 혼자서 살아갈 수 없다. 사람들과 더불어 도움을 주고받으며 살아야 한다. 그런데 우리는 그들과 어떤 방식으로 소통하는가? 바로 언어이다.

언어에는 몸의 언어, 말의 언어, 글의 언어가 있다. 사랑하는 사람끼리 눈빛만 봐도 마음을 알 수 있는 이유는 몸을 통한 언어 구사력이 있기 때문이다. 세련되고 유창한 말로 상대방을 감동시키는 것은 말의 언어가 가진 최고의 능력이며, 몇 줄 되지 않는 글로 읽는 사람의 눈에서 감동의 눈물을 흘리게 하는 것이 글이 가진 힘이다.

사람은 말을 시작할 때부터 자신의 뜻과 생각을 다른 사람들에게 알린다. 내 안으로 들어오는 상대방의 뜻과 생각도 말을 통해서 이뤄진다. 자신의 감정을 거침없는 목소리로 설득력 있게 표현해서 감동을 줄 수 있는 언어를 구사하는 사람이 사회에서 성공할 수 있다. 사람들이 많든 적든 짧은 시간에 자신의 의사를 분명하게 전달하고 그들의 동의를 얻는 것이 말을 잘하는 기본요건이다.

말을 잘한다는 것은 그만큼 상대에게 자신의 생각과 가치관을 제대로 어필할 수 있다는 뜻이다. 아무리 좋은 아이디어로 꽉 찬 사람이라 할지라도 말솜씨가 따라주지 않으면 어떻게 상대에게 어필할 수 있겠는가? 사람과의 첫 대면에서 가장 먼저 등장하는 것이 언어이다. 상대방이 듣고 싶은 말로서 당신을 100퍼센트 각인시킬 기회이다.

주변에 성공한 사람들을 보라! 요즘에는 프레젠테이션을 잘하느냐 못하느냐에 따라 그 사람의 능력이 평가되는 시대이다. 흑인이라는 편견을 깨고 미국 군부 대장에서 국무장관까지 됐던 콜린 파월 역시 말의 표현력을 100퍼센트 활용한 사람이다. 소령으로 베트남전쟁에 출전했던 당시, 지휘관들 앞에서 시각자료와 능수능란한 언어를 활용하여 전투상황을 설명해 많은 신임을 얻을 수 있었다고 한다.

치열하게 전투가 벌어지고 있는 상황이 그려진 지도 위에

베트콩의 포진 상황, 아군의 전력 배치와 인원 현황, 사용하는 무기들의 비교분석은 물론 후방부대와의 효과적인 교신방법에 대한 내용을 한눈에 알아볼 수 있도록 설명했다. 그런데 그는 설명할 때 단 한 번도 상황판을 보지 않고 말하고자 하는 내용을 전부 암기해서 말했고, 시선은 늘 듣는 사람들에게 가 있었다. 심지어는 복잡한 숫자까지도 단 한 차례의 실수 없이 완벽하게 말했다. 그뿐인가? 예상되는 질문 수백 가지를 사전에 설정해놓고 가장 완벽하고 거침없이 답변했다. 결국 그는 한 차례의 브리핑으로 상사들에게 능력 있는 사람으로 각인되었고, 훗날 국무장관으로까지 올라갈 수 있었다고 한다.

이처럼 성공하는 사람에게 가장 필요한 것은 다른 사람으로부터 인정을 받는 것이다. 아무리 아는 것이 많고 배운 것이 많아도 자신의 생각과 비전을 체계화해서 효과적으로 표현하지 못하면 결국 다른 사람에게 인정받지 못한다. 대화를 나누다보면 마음이 편안해지는 사람이 있는가 하면, 왠지 불편하고 껄끄러운 사람이 있다. 같은 말을 해도 듣는 사람의 마음에 평안을 주는 언어를 구사하는 사람이 있는가 하면, 그럴 듯하고 탁월한 아이디어를 쏟아내는 말을 하지만 귀에 거슬려 대화를 나누기 싫은 사람도 있다. 사람이 싫어지고 소통하는 데 익숙하지 않다면, 성공에서 점점 멀어질 수밖에 없다. 시작이 절반이란 말도 있는데, 시작도 못하고 좌절하는 것처럼 불행한 일이 어디 있겠는가?

말을 잘하는 사람들은 자신들만의 비결이 있다. 그들은 자신의 생각을 표현할 때 아주 간편한 용어를 선택한다. 말도 간단명료하며 발음도 정확하다. 또한 다른 사람의 흉내를 내기보다는 자신만이 가진 독특한 개성을 살려 일단 말문이 트이면 대화를 부드럽게 풀어나간다. 눈빛은 살아 있으며 목소리에도 힘이 넘친다. 부드러운 음성과 자신 있는 눈빛은 한꺼번에 이뤄지는 것이 아니라, 수많은 훈련과 연습을 통해 이루어진다.

말할 때 가장 중요한 것은 자신감이다. 청중을 앞에 두고 말할 때 어떤 사람은 자신 있게 할 말을 다하고, 어떤 이는 우물쭈물하다 끝나버린다. 이 둘의 차이는 자신감을 가졌느냐, 못 가졌느냐이다.

자신도 무슨 말을 하는지 모를 정도로 애매모호하게 말하는데 듣는 사람이 무슨 재주로 명쾌하게 이해할 수 있겠는가? 잘을 잘하기 위한 훈련은 어려운 것이 아니다. 집에서 자신이 하고자 하는 말을 나누어서 최소한 1~2분 정도씩 짤막하게 하는 연습을 해보자. 그리고 가족에게 자신이 한 말이

무슨 내용인지 알겠냐고 물어보는 것이다.

훌륭한 사람은 하루아침에 탄생하지 않는다. 길게는 10년, 짧아도 수십 년이 걸리며, 남들 모르게 부단히 연습한다. 운동선수들만 해도 그 짧은 순간의 성공을 위해 얼마나 많은 시간을 연습에 몰두하는가? 말로써 당신이 살기도 하고, 죽기도 한다는 것을 잊지 마라!

언변은 타고나는 것이 아니라 평생 동안 만들어진다. 흐린 날씨에 벼락 치듯, 하루아침에 만들어지지 않는다. 일상생활 속에서 설득력 있는 말을 구사하기 위해서 꾸준히 노력해야 한다. 여자들이 화장을 통해 얼굴이 예뻐 보이고 자신감도 가지는 것처럼, 당신도 유머와 재치로 자신만의 개성 있는 말하기를 할 수 있도록 노력해야 한다.

설득하려면 길고 지루하게 말하지 마라

성공하는 사람은 다른 사람을 설득하는 남다른 능력이 있다. 한 마디로 그들은 대화에 능숙한 사람이다. 말을 잘하는 것과 수다스러운 사람의 차이는 현저하게 난다. 말하는 시간은 짧아도 쉽게 상대를 제압하는 사람이 있는가 하면, 온갖 미사여구를 보태어 오랜 시간 동안 말해도 상대방을 설득하기는커녕 오해만 잔뜩 불러일으키는 사람도 있다.

가장 좋은 대화를 하기 위해서는 우선 서로의 말을 들어야 한다. 다시 말해 다른 사람의 말에 귀를 기울여 '경청'하라는 말이다. "사람을 움직이는 가장 중요한 무기는 입이 아니라 귀다"라는 말처럼 남의 말을 잘 들어주는 사람이 대화를 잘하는 사람이다. 자신의 생각을 말로 표현하는 것은 모든 처세의 근본이다. 같은 말이라도 세련되고 매끄러운 말은 사람의 품위를 높여줄 뿐만 아니라, 당신의 인격을 한 단계 업그레이드 시켜주는 보증수표가 된다.

상대방의 말은 들으려 하지 않고 일방적으로 자신의 주장만 내세우는 사람이 많다. 그것은 대화를 하는 것이 아니라 상대를 무시한 채 자기 생각대로 일을 처리하는 것뿐이다.

머릿속에 아무리 좋은 생각이 있어도 말을 통해서 제대로 표현하지 못하면 아무짝에도 쓸모가 없다. 말을 많이 하지만 논리적으로 이치에 맞지 않으면 상대는 부담을 느끼거나 짜증이 난다. 그렇게 되면 당신은 이미 상대를 설득할 수 있는 기회를 상실하게 된다. 기회는 머리만 있고 꼬리는 없다고 한다. 그러니 기회를 놓치면 성공과는 거리가 먼 사람이 될 수밖에 없다.

대화를 나눌 때 편안한 사람이 있는가 하면 왠지 불편하거나 껄끄러운 사람도 있다. 같은 말을 해도 상대방의 마음을 헤아릴 줄 아는 사람도 있고, 상대방의 기분은 아랑곳하지 않고 자기 기분 내키는 대로 말하는 사람도 있다. 대화에서 가장 중요한 것 중 하나는 서로를 신뢰하는 마음이다. 정직하고 진솔한 태도로 상대에게 믿음을 주는 태도야말로 대화에서

빼놓을 수 없는 알맹이다. 대화를 한다는 것은 그만큼 상대에게 자신의 생각과 가치관을 제대로 어필시킬 수 있는 기회라고 할 수 있다. 아무리 좋은 아이디어와 지적인 능력을 가지고 있다 할지라도 표현하는 말솜씨가 뒷받침되지 못하면 설득에 실패할 수밖에 없다.

명강의로 유명한 사람들이 있다. 《지금 당신의 자녀가 흔들리고 있다》의 이성호 교수, 《신바람 건강법》의 황수관 교수, 《여자가 변해야 세상이 변한다》의 정덕희 교수 등이 대표적이다. 이들이 대중과 쉽게 하나가 될 수 있는 이유는 주변에서 누구나 접할 수 있는 사례나 자신의 경험들을 알기 쉽고 재미있게 말할 줄 알기 때문이다.

말을 통해서 상대방을 움직인다는 것은 자신의 생각을 상대방에게 정확하게 전달하고, 자신이 기대한 대로 행동할 수 있도록 하는 것이다. 사람은 누구나 자기 나름대로의 판단 기준이 있다. 그러므로 대화를 할 때는 자기 기준 이상으로 상대방의 기준도 인정할 줄 아는 사람이 되어야 한다. 상대방의 기준을 침범하는 것은 일종의 침략행위이다. 상대방의 영역을 침범하지 말아야 하며 어쩔 수 없는 상황에서도 자존심을 건드리지 않는 범위 내에서 현명하게 대처해야 한다.

대화를 할 때는 혼자만 신나고 재미있는 말만 해서도 안 된다. 상대와 함께 공감되는 소재가 없다면 흥미가 없어지기 때문이다. 듣는 사람은 표정 하나 변하지 않는데 혼자만 썰렁하게 재미있는 척하는 것처럼 우스꽝스런 것도 없다. 또한 아무리 재미있는 이야기라고 해도, 대화의 주제와 동떨어진 얘기는 가급적 삼가는 것이 좋다. 주제와 관련없는 대화는 시간 낭비이고 실없는 사람으로 각인되어 낭패를 당할 수도 있다.

전문가들에 의하면 목소리에도 체온이 있고, 기쁨과 슬픔의 빛깔이 있다고 한다. 그런 것들을 이용할 줄 아는 사람만이 성공화술로 상대를 제압하는 능력 있는 사람이 될 수 있다.

단순하고 간편한 세상이다. 복잡하고 까다로운 것을 싫어하여, "틀면 나오고 열면 보이는" 편리한 것만 선호한다. 또한 바쁘다는 핑계로 간단명료한 말이 사람들의 기억에 오래 남고, 길고 지루한 말은 듣기조차 싫어한다. 간결하고 짜임새 있는 말은 대화의 생명이다. 그런 대화를 할 수 있는 사람만이 성공의 목표점을 향해서 힘찬 발걸음을 내디딜 수 있다.

자신의 생각을 언어라는 매체를 통해서 상대방에게 전달하는 기술이 말솜씨이다. 말 한마디를 하더라도 따스한 말, 정감이 넘치는 말을 할 때 상대방의 호감을 이끌어낼 수 있다. 조리 있고 매끄러운 말솜씨는 다른 사람을 만났을 때 드러나기 마련인데, 그 드러남이 바로 인격이자 트레이드마크가 될 수 있다.

사람들을 내 편으로 만드는 방법, 경청

경청은 상대의 말을 잘 듣기 위한 마음과 행위이며, 이를 통해서만이 상대방을 정확하게 알 수 있다. 말을 잘 듣는다는 것은 반대로 나의 말을 경청하게 하도록 하는 방법이기도 하다. 아무리 말을 잘해도 상대가 나의 말을 알아듣지 못하면 대화는 실패로 끝나버리기 때문이다. 따라서 경청이라는 말 속에는 희생도 포함되며, 이는 기꺼이 어떤 것을 포기하는 행위이기도 하다. 나의 의견보다도 상대의 의견이 더 소중하기 때문에 기꺼이 내 것을 버리는 순간이기도 하다.

우리는 사람을 만날 때마다 "당신은 나에게 대단히 중요한 사람이다"라는 생각을 가지고 임해야 한다. 그런 생각을 가져야만 상대방의 말을 진솔하게 경청할 수 있다. 경청이란 내가 상대방에게 줄 수 있는 위대한 선물이다. 왜냐하면 상대방을 배려하고 소중히 여기며 관심을 가지고 있다는 의미이기 때문이다. 또한 그럴 때 상대방의 마음을 읽을 수 있다. 경청은 상대방과 대화를 지속적으로 함께하기를 원한다는 의사 표시이며, 그런 마음을 상대가 읽는 순간 마음의 문을 기꺼이 열고 대화에 임하게 될 것이다.

처음부터 자신의 생각을 명확한 말로 표현하는 사람은 의외로 드물다. 때로는 대화를 이어가는 동안 서로의 의견이 맞지 않아 갈등이 생길 수도 있다. 그럴 때일수록 경청하는 태도로 상대방을 진정으로 이해하고 있다는 진지한 모습을 보여주는 지혜가 필요하다. 그리고 상대방이 말하고자 하는 초점에 자기 생각을 맞추려는 노력을 해야 한다.

상대방 역시 나의 말을 경청하면서 보다 나은 미래의 가능성을 탐색하고 목표를 설정하며, 계획 수행에 걸림돌을 집거나 그것에 대한 자신의 관점을 드러내기도 한다. "나는 이렇게 생각하는데 왜 다른 사람들은 그렇지 않은가?" 하고 의아할 때도 있다. 그리고 스스로 내린 결론을 상대에게 알려준다. 보통 이러한 결론은 당사자나 주변 사람들에게 큰 영향을 미치는데, 결정한 이유와 자신과 타인에 대한 영향, 그리고 그 결정의 재검토 여부 등을 상세히 밝히는 것이 대화를 좀 더 부드럽게 이끌어갈 수 있는 방법이다.

상대방의 말이 모든 다 옳고 중요하다고 생각하는 것도 문제다. 무엇이 중요하고 덜 중요하는지를 파악하는 것도 청자의 능력이라고 할 수 있다.

"이야기에서 가장 핵심적인 내용은 무엇인가?"

"상대방은 이 대화를 통해서 무엇을 말하려고 하는가?"

"상대방이 원하는 것은 무엇인가?"

"상대방이 원하는 것이 나에게 어떤 유익이 있는가?"

이렇게 하면 경청하는 동안 상대가 무슨 이야기를 넣고 빼는지 알 수 있다. 이것은 상대가 말하지 않은 '숨은 자료'를 찾는 것이 아니라, 어떤 부분을 빠트렸는지 알게 되는 행위이다.

상대가 말을 할 때는 절대로 막지 말아야 한다. 가로막는 것은 더 이상 당신의 말을 듣지 않겠다는 뜻이다. 경청은 자신의 말을 하기 위한 하나의 과정이다. 생각이란 자신만의 크나큰 재산이자 남과 구분되는 나만의 독특한 무엇이다. 하지만 대화를 하면 나의 생각이 더욱 풍부해진다. 그러니 상대방의 말을 잘 들어라! 상대방 안에 들어 있는 엄청난 아이디어와 성공과 실패라는 자산은 경청을 통해서만 내 것으로 만들 수 있다.

상대의 이야기 속에 숨겨진 진주를 보라

미국의 경제 전문지 〈포춘〉이 제시한 성공 비법 중 하나는 "상대의 이야기 속에 숨겨진 진주를 보라"는 것이다. 뒤집어 말하면 대화란 상대가 겪은 엄청난 성공과 실패의 노하우를 배울 수 있는 기회이다. 다른 사람이 말을 할 때 주의를 집중하고 그를 섬기는 자세로 들어야 유익한 성공의 비법과 실패의 원인을 들을 수 있다. 사람들은 대화를 하면서 중요한 내용이 있다고 생각되면 집중해서 상대의 의도를 파악하기 위해 노력한다. 그래야 그 사람의 생각에 대한 가치를 올바르게 판단할 수 있기 때문이다. 다른 사람의 말을 잘 들어주는 태도는 단순히 매너가 좋다는 차원의 문제가 아니다. 상대방을 이해하고, 설득하고, 궁극적으로 성공할 수 있는 역량의 문제이다.

아이들은 일방적으로 훈계를 늘어놓는 부모와 자신들에게 말할 기회를 먼저 주고 적절한 조언을 해주는 부모 중에 누구를 더 존경할까? 전쟁터에서 공격 명령을 하달하는 지휘관이 작전계획을 내릴 때 병사들은 모든 일을 중단하고 주목해서 들어야 한다. 그래야 작전에 성공하고 자신의 목숨을 지킬 수 있다. 생존경쟁이 치열한 사회에서 생기는 많은 갈등과 의견 충돌도 알고 보면 상대의 말 속에 내포된 의도를 왜곡했기 때문에 생긴다.

명심해야 할 것은 상대방의 말을 일단 끝까지 듣고 나서 말해도 늦지 않다는 점이다. 상대방의 말을 잘 들어야 그 다음에 자신이 해야 할 말을 정확하고 필요적절하게 할 수 있지 않겠는가? 사실 말하는 동안에는 아무것도 배울 수 없다. 새로운 것을 배우려면 귀담아 들어야 한다.

무명 인사에서 영국의 수상이 되면서 일약 사교계의 대스타가 된 디즈레일리는 결코 상대방과 논쟁하지 않았다. 그는 핏대를 세워 논쟁하고 반박하는 대신 차분한 태도로 상대방의 이야기에 열심히 귀를 기울였다. 미국의 석유왕 록펠러도 말단 직원의 이야기에도 진지하게 귀를 기울였고, 상대방이 말하지 않을 때만 자기 생각을 간단히 말했다고 한다.

이렇게 남의 말을 잘 듣는 사람은 상대방에게 신뢰를 얻고, 귀중한 친구가 될 수 있다. 물론 자신이 하고 싶은 말을 참고 상대방의 말을 잘 듣는다는 것은 무척 어려운 일이지만, 이것이 인간관계에서 성공하는 지름길이라면 불가능한 것도 없지 않는가?

좋은 대화에는 '1-2-3원칙'이 있다고 한다. 한 번 말하면 두 번 듣고 세 번은 맞장구 쳐주라는 뜻이다. 빌 게이츠는 대화중에 수시로 "Really? Excellent! And then what happens?"라고 말하면서 대화에 몰입하는 동시에 상대의 흥을 북돋워준다고 한다. 남의 말을 듣기보다 자신의 말만 앞세우는 사람은 독재자나 다름없다.

다른 사람의 말을 듣는 방식으로 네 가지 유형이 있다.

첫째, 판단하면서 듣는 사람이다. 미리 자신의 마음을 정해놓고 진실을 받아들이려고 하지 않기 때문에 비평적이고 부정적이며, 선입견에 사로잡혀 있는 사람으로 17퍼센트가 이 부류에 속한다.

둘째, 질문하며 듣는 사람이다. 들으면서 쉴 새 없이 질문을 해대는 사람들이 여기에 속한다. 질문은 대화에서 중요하지만 때로 대화의 맥을 끊어놓고 쓸데없는 내용이 더 많은 비중을 차지하기도 한다. 약 26퍼센트가 질문에 목숨을 거는

사람들이다.

셋째, 조언을 하며 듣는 사람이다. 자신은 충분히 들었다고 지레짐작하고 상대방이 원하는 것이 무엇인가를 앞질러 생각하다가 막상 엉뚱한 것을 내놓고 마는 사람으로, 35퍼센트가 이러한 사고로 살아간다.

넷째, 감정이입을 하며 듣는 사람이다. 대화에 가장 효율적인 방법으로 이야기의 내용뿐만 아니라 상대의 기분까지도 파악하려고 노력하는 사람으로, 22퍼센트가 여기에 속한다.

대화는 인간의 삶에 있어 매우 중요한 요소로서, 귀로만 듣지 말고 눈과 몸으로 느끼면서 들으려고 노력하는 사람이 되어야 한다. 그래야 상대방의 마음을 사로잡을 수 있고 그를 성공의 디딤돌로 삼을 수 있다.

남성은 하루 평균 1만 5천 단어를 말하고 여성은 3만 단어를 사용한다고 한다. 말이 많다고 좋은 것은 아니지만 여성들의 경우, 다른 사람과 감정이입을 잘하는 편이고 어떤 사람과도 잘 어울려 대화를 한다. 반면 필요한 말만 간단명료하게 말하는 것을 좋아하는 남성들은 핵심을 잘 집어내는 장점을 가지고 있다. 말이 많든 적든 가장 중요한 것은 상대방의 마음을 잘 헤아리는 것에 있다.

다른 사람의 말을 잘 들어준다는 것은 말하는 사람에게 주는 귀중한 선물이다. 당신 주변에 있는 사람들의 이야기를 진지하게 듣고 그 사람을 이해하려고 노력할 때 성공을 이끌어가는 훌륭한 리더로 인정받게 될 것이다.

대화 도중 적절하게 질문하는 방법

적절히 질문하는 방법을 터득하면 대화를 원활하게 이끌어가는 데 도움이 된다. 가장 먼저 육하원칙에 따라 질문을 하되, 화려한 입담으로 깊은 인상을 주려는 욕심 따위는 버려라. 당신이 할 일은 신중하게 준비한 질문을 하고 여유 있게 대답을 기다리는 것이다. 그런데도 대화가 활기를 띠지 않는다고 해서 낙담할 필요는 없다. 세상에 가치 있는 모든 것이 그렇듯, 질문을 잘하는 데도 꾸준한 연습이 필요하다. 질문 하나를 골라 편하게 할 수 있을 때까지 주변 사람들을 상대로 연습해보는 것은 어떨까?

질문에는 폐쇄형과 개방형이 있다. 폐쇄형 질문이란 "예"

나 "아니오", 혹은 거기에 한두 마디를 더해 답할 수 있는 것을 말한다. 이런 질문은 좋은 대화를 이어나가기에 효과적이지 않지만, 대화 초반부에는 기본적인 정보를 알기 위해 필요할 때도 있다. 가령 상대의 직장이나 집이 어디인지, 가족관계나 연락처 등을 묻는 질문은 긴 답변을 필요로 하지 않는다. 반면에 개방형 질문은 대화의 틀을 제시하고 대화에 활기를 불어넣는다. 이 질문을 던지면 상대에게 해당 주제에 대해 좀 더 자세한 이야기를 들을 수 있다.

질문을 할 때는 정말 알고 싶은 것에 대해서만 묻는 게 좋다. 기껏 물어놓고는 애써 대답하는데 건성으로 들으면 상대는 이를 금방 눈치 챌 것이고, 관심도 없으면서 왜 묻는지 의아하게 생각할 것이다. 또한 관심 없는 주제에 대해 형식적으로 물었다가 상대가 길게 늘어놓으면 하는 수 없이 참고 들어야 하는 곤란한 상황을 맞을 수도 있다.

중요한 사람을 만날 때는 질문을 미리 적어보는 것도 좋은 습관이다. 굳이 적을 필요까지 있을까 하고 생각할 수도 있지만, 수첩에 기억을 되살릴 수 있도록 정리해두면 편안한 마음으로 대화에 집중할 수 있고, 그만큼 시간과 정성을 기울였다는 것을 보여줄 수 있다.

상대방이 자신의 의견에 강하게 반대하거나 공격하면 자신도 모르게 부정적으로 방어하고 맞서 싸우고 싶은 생각이 먼저 치솟게 마련이다. 하지만 처음 만난 상대에게 적대적인 태도를 보이면 우리는 아무것도 얻을 수 없다. 만일 상대가 처음 대화를 나누는 자리인데도 무조건 당신의 의견에 반대한다면 그 사람의 마음을 돌려놓는 것은 포기하라. 그럴 때는 내 생각만 옳다는 생각을 버리고 겸손한 마음가짐을 갖는 것이 무엇보다 중요하다.

다른 사람이 계속 대화에 끼어드는 상황도 흔하다. 가끔이라면 괜찮지만 시도 때도 없이 그런 일이 생기면 어떻게 해야 할까? 당신이 말하고 있는데 누군가 끼어들어 대화를 전혀 다른 방향으로 끌고 간다면? 그럴 때는 손을 들고 이렇게 말한다.

"잠깐만요! 주제를 바꾸기 전에 하던 이야기를 마저 하겠습니다."

연설가는 솜씨 좋은 요리사이다

화술이 뛰어난 사람이 되기 위해서는 우선 "나도 말을 잘할 수 있다!"는 자신감을 가져야 한다. 그런 자신감은 "나도 하면 된다!"는 성취의 목표가 세워진 사람에게서 나오기 마련이다. 화술 훈련법에 대해 자세히 알아보자.

첫째, 책을 많이 읽어야 한다. 처음에는 소리를 내서 읽는 것이 좋은데, 꼭 '이렇게까지 해야 하나' 라는 생각에 자존심이 상한다면 이렇게 생각해보자.

"사회에서 인정받는 사람이 되고 싶다. 그러기 위해서는 말을 잘해야 한다."

책의 경우, 고전이나 현대작품을 가리지 말고 읽는 것이 좋다. 읽으면서 좋은 표현이 있을 때는 메모하고 자신의 생각을 간단히 써놓는 것은 어떨까? 단순히 머리로 기억하는 것보다, 메모지에 쓰고 읽어가면서 자기화되는 과정이 더 중요하기 때문이다. 책을 읽으면서도 내가 이 글을 썼다면 어떻게 썼을까 생각하고, 같은 뜻이 담긴 글을 쓰더라도 저자에 따라 표현이 어떻게 달라지는지도 눈여겨보아야 한다.

둘째, 뉴스를 보면서 아나운서의 정확한 발음과 표현을 주의 깊게 살펴본다. 연속극이나 영화를 볼 때도 마찬가지이다. 주의 깊게 살펴보면 그들의 발음이 무척 정확하다는 것을 알 수 있다. 말이라는 것은 뜻을 전달하기 위해서 존재한다. 그러므로 뜻이 제대로 전달되지 않거나 듣기 싫은 방법으로 말을 하는 것은 어리석은 짓이다.

셋째, 자기 생각을 문장으로 정리하는 연습을 한다. 사회적인 이슈를 몇 개 골라서 그것에 대한 찬반의견을 머릿속으로 정리한 뒤, 논쟁을 상정하고 스스로 긍정과 부정의 주인공처럼 말해보는 것도 좋은 방법이다. 비록 혼자서 하는 논쟁이지만 가능하면 세련된 언어를 구사할 수 있도록 노력해보자.

예를 들어, 어떤 자동차를 구입하면 좋은가에 대한 토론을 한다고 가정해보자. 그러려면 우선 이미 나와 있는 차의 종류와 성능에 대한 사전지식이 있어야 한다. 외국 차와 국산

차에 대한 성능이 비교된 평가서라도 읽어보지 않으면 대화를 이끌어갈 재간이 없다.

결국 의견을 통합하여 이끌어가는 사람이 될 수 없고 수동적으로만 듣게 될 것이다. 상대방이 주장하는 자동차의 성능에 대한 충분한 자료에 의한 반박을 하고 자기 의견이 옳다는 것을 증명할 수 있는 길은 오직 인지하고 있는 지식뿐이다.

넷째, 대화를 나누는 순간에도 항상 듣는 사람이 무엇을 바라고 있는지 생각해보는 습관을 가져야 한다. 사람들 앞에서 자신의 의견을 개진하는 연설을 할 때도 마찬가지다. 그런데 청중을 압도하기 위해서는 그들을 과대평가하지 않는 것이 중요하다.

모여 있는 사람들 대부분이 자신의 의견을 무조건 지지하는 것은 아니다. 자신보다 더 예리한 판단력을 가지고 하고 있는 말 하나하나를 평가하고 있다는 생각으로 임해야 한다. 그들은 내가 하는 말을 통해 인격을 평가하기도 하고 그 기준에 따라 동조하거나 비판하기도 한다.

교회에서 목사의 설교를 들을 때에도 자신에게 유익하거나 자신을 위한 말이라고 생각할 때 듣는 태도가 달라진다. 그리고 적극적으로 호응하는 눈빛을 보내거나 입으로 시인하는 사인을 보내기도 한다. 모든 사람들이 나의 말에 100퍼센트 동조하지 않는다고 해도 자신감을 잃으면 안 된다. 동조하지 않는 소수가 있다면 동조하는 소수도 존재하기 때문이다. 나의 말에 수긍하는 사람이 있다는 것만으로도 긴장도 풀리고, 부정적인 청중에 개의치 않고 말을 할 수 있기 때문이다.

웅변가는 솜씨 좋은 요리사와 같다. 그들은 고객이 맛있게 먹는 모습만 봐도 행복을 느끼기 때문이다. 요리사는 그 순간만 생각해도 음식을 만드는 일에 두려움을 느끼지 않고 자신의 능력을 십분 발휘할 수 있다. 자신감이 생겼기 때문이다. 고객은 어떤 양념이 들었고 그 양념의 가격이 얼마이며, 얼마나 높은 화력으로 어떤 그릇에 요리를 했는가에 대해서는 관심이 없다. 오로지 맛을 음미할 뿐이다.

말을 할 때도 마찬가지다. 말을 하면서 상대방을 만족시키고 싶다면 상대가 기뻐하고 감동하는 찰나를 놓치지 말고 그 요구를 채우기 위해 노력해야 한다. 그럴 때 진정한 화술로 성공할 수 있으며 상대방을 내 사람으로 만들 수 있다.

Chapter 03

인맥관리의 시작은 관심이요, 끝은 관리이다

자신에 대한 긍정적인 사고가 없다면 타인과의 관계에서도 어려움을 겪을 수밖에 없다. 자신에 대한 긍정적인 마인드를 갖기 위해 가장 중요한 것은 이 세상에 단 하나뿐인 자신을 있는 그대로 사랑하는 일이다. 또한 나를 사랑하는 만큼 남들도 귀중한 존재라는 것을 항상 기억해야 한다.

어리석은 사람만이 칭찬에 인색하다

유독 칭찬에 인색한 사람들이 있다. 남이 잘한 것에 대해 한 마디도 거들지 않는 자가 있는가 하면, 뭔가 잘못된 것이 없나 꼬투리를 잡는 데에만 열중하는 사람들도 있다. 하지만 이것은 인간관계에 있어 좋지 못한 방법이다.

자녀가 부모에게 가장 듣고 싶은 말이 "네가 이 세상에서 최고야"라고 한다. 또 학교에서 학생들이 가장 듣고 싶은 말은 "너 정말 잘한다. 그렇게만 공부한다면 일등은 따놓은 당상이야"라고 한다. 며느리가 시어머니에게 듣고 싶은 말은 "네가 들어와 우리 집에 웃음꽃 질 날이 없구나"라고 한다. 직장인들이 가장 듣고 싶은 말은 "자네는 우리 회사에서 없어서는 안 되는 중요한 인물이야"라고 한다.

사람들은 의도적으로 때론 무심코 다른 사람의 신경을 곤두서게 하는 말을 하곤 한다. 그러나 한 어머니의 뱃속에서 나온 형제도 생각이 다른데, 하물며 다른 이들이 어찌 나와 생각이 같을 수 있겠는가? 하지만 최대한 가까워질 수 있는 방법은 있다.

고래도 춤추게 하고 삶의 좌절을 맞본 사람도 벌떡 일어나게 하며, 없던 능력도 새로 만들어주는 인간에게 가장 좋은 만병통치약인 바로 칭찬이다. 상대방이 칭찬을 한다고 해서 기분이 나쁘다고 투덜대거나 신경질을 낼 사람은 없다. 직장에서도 상사의 칭찬 한 마디는 성과 없는 직원들의 사기를 올려주고, 공부를 못하는 아이에게 선사하는 격려는 마술과 같은 효과가 있다. 이렇게 칭찬이란 완벽한 사람에게 하는 것이 아니라, 능력이 없는 자, 즉 칭찬이 필요한 사람에게 유용하다.

그렇다면 칭찬은 어떻게 하는 것이 좋을까? 칭찬의 순간을 놓치면 효과가 반감되니 타이밍을 잘 챙겨야 한다. 또한 가능하면 칭찬해줄 사람의 얼굴을 마주 대하면서 하는 것이 좋다.

칭찬은 지나친 미사여구를 동원할 필요 없이 진실한 언어로 해야 한다. 듣는 사람들은 칭찬을 가장한 비아냥대는 것인지, 아닌지를 정확하게 알고 있다. 그러므로 칭찬을 할 때는 왜, 무엇 때문에 칭찬하는지 구체적으로 말해야 한다. 그렇지 않으면 겉만 번지르르한 아부성 발언으로 오해받는다.

칭찬에는 왕도가 없다. 한 마디면 충분하다.

"정말 잘했어!"

회사 안에서 칭찬하는 분위기를 조성하는 것은 쉬운 일 같지만, 막상 하려면 어렵다. 이럴 때 '칭찬대회'를 열어보는 것은 어떨까? 우선 작은 팀원끼리 정말 칭찬받아 마땅한 사람이나 칭찬이 필요한 사람들의 사연을 써보는 것이다. 삭막했던 회사 분위기가 한층 따뜻하고 윤기 나는 곳으로 변할 것이다. 칭찬은 꼭 면전에서 하지 않아도 된다. 이메일이나 휴대전화 문자로도 얼마든지 할 수 있다. 상대가 여성이라면 한 송이 꽃과 작은 쪽지 하나면 충분하다. 자신의 수고와 노력을 알아주는 사람이 한 명이라도 있다는 것만으로도 힘이 나는 법이니까!

남을 부러워하기 전에
나를 돌아봐라

동창모임에 다녀오는 사람들의 얼굴에는 친구들을 만난 행복감보다는 부러움과 질투의 감정이 더 짙어 보인다.

"저 친구는 성공했는데 나는 이게 뭔가? 중고등학교에 다닐 때만 해도 나보다 공부를 못했던 애가 외제차에, 집에는 가정부까지 있다고? 역시 돈 잘 버는 남편을 만나더니 인생이 피는구나."

이렇게 자신이 살아온 삶을 반성하거나 진심으로 친구의 성공을 축하해주기는커녕, 자신의 타고난 운명을 운운하며 좌절감에 시달리곤 한다.

당신이 몸담고 있는 직장에서도 생길 수 있는 일이다. 자신은 만년 대리로 자리를 지키고 있는데 입사동기가 과장으로 승진했다면 어떤 생각이 들겠는가? 잠재되어 있던 열정과 창의력, 그리고 개혁에 대한 무한한 힘을 성공의 에너지로 활용해서 회사에 큰 이익을 주었기 때문에 나보다 먼저 승진한 거라고 생각하는 사람이 얼마나 되겠는가?

성공한 사람은 과거에 연연하지 않는다. 어제보다 나은 오늘을 위해 동분서주한다. 또한 자신의 능력을 개발하기 위해 준비를 게을리 하지 않는다. 오직 시간과 열정이라는 자본을 내일을 위해서 아낌없이 투자하는 것이 가치 있다고 생각한다.

사람은 자신이 믿고 있는 생각의 크기만큼 살아간다. "콩 심은 데 콩 나고 팥 심은 데 팥 난다"는 말이 있다. 노력이라는 콩을 심어야 할 곳에 게으름이라는 팥을 심었다면 내가 얻는 것은 당연히 팥일 수밖에 없다. 아무리 시간과 정열을 쏟았다 할지라도 그 수고는 헛수고가 되고 투자는 속빈 강정이 될 수밖에 없다.

얼마 전 중국에서 곡예단의 묘기를 본 적이 있다. 5명이 나와 공중회전을 하는데, 먼저 가운데 있는 사람이 줄에 다리를 걸고 끝에서 끝으로 왔다 갔다 했다. 그리고는 한쪽 끝에서 출발한 사람이 공중에서 한 바퀴를 돌고 가운데 있는 사람의 손을 잡고 다시 반대편으로 이동하는 묘기였다. 그런데 만에 하나 그들 중에 한 사람이라도 두려움 때문에 상대방의 기술을 믿지 못했다면 잡고 왔던 줄을 놓을 수 있었을까?

당신도 어떠한 목표를 달성하고자 한다면 습관처럼 굳어버린 생각과 행동을 모두 떨쳐버려야 한다. 이 세상에 완벽한 것은 하나도 없다. 당신에게 특별한 재능과 물려받은 재산이 없다면 지금 그대로를 인정하라! 당신의 노력으로 바꿀 수 없는 것을 비교한다는 건 쓸데없는 에너지 낭비일 뿐이다.

세상을 탓하기 전에 당신을 인정하고 상대방의 좋은 점을 조건 없이 수용하고 배워라. 나도 그처럼 열정과 노력을 바로 이 순간을 위해서 아낌없이 쏟아붓겠노라고 결심하라. 그 힘이 당신을 이끌어가고 뒤에서 밀어줄 때 당신 옆에 성공도 안착할 것이다.

"순간의 선택이 10년을 좌우한다"는 광고카피를 들어본 적이 있을 것이다. 성공을 꿈꾸고 싶다면 우선 성공을 방해하는 습관을 놓을 용기가 필요하다. 그리고 당신을 성공의 반열에 올릴 행동에 대한 선택을 해야 한다.

남보다 1시간 일찍 출근해 업무에 도움이 되는 어학, MBA과정 습득, 자격증 공부 등을 한다는 사람들을 본 적이 있을 것이다. 당신은 성공을 꿈꾸면서도 하루 일과에 지쳐 편안한 휴식을 취하고 있지 않은가? 진정으로 당신이 성공을 원한다면 지금 당장 그 안락한 시간을 걷어차고 나올 수 있는 용기가 필요하다.

나를 키우는 것은 8할의 자부심

성공한 사람들을 보면 공통적으로 자신에 대한 자부심을 가지고 있다. 유형의 재산은 없어질 수 있으나 무형의 재산인 자부심은 성공을 향해 가는 사람에게 힘의 원천이 된다. 자부심을 갉아먹는 벌레는 먼 곳에 있지 않다. 그것은 바로 자신 안에 있는 부패한 생각이다. 보통 사람들이 옳다고 생각하는 곳에는 언제나 승산 있는 뭔가가 있다. 까닭 없이 사람들이 몰려들 이유가 없지 않는가? 사람들이 몰려들지 않는다면 당신에게 흥미로운 무엇이 없다는 증거이다. 그러나 당신의 생각을 말이나 행동으로 표현할 때 사람들이 관심을 가져주면 자부심을 느낄 수 있는 기회를 얻게 된다.

　성경 말씀에 "욕심이 잉태한즉 죄를 낳고 죄가 장성한즉 사망을 낳느니라"(약1:15)라는 구절이 있다. 지나친 욕심을 품는 순간 자부심이 오염된다는 의미이다. 욕심은 자신의 능력으로 도저히 해낼 수 없는 것을 해내려고 오기를 부릴 때부터 당신의 마음에 잉태되는 부패의 씨앗이다. 오염된 생각은 부패한 생각이자 마음으로 자신을 붕괴시키는 원인이 된다. 아무리 좋은 머리와 실력이 있다고 해도 마음이 오염되는 순간 공든 탑이 무너지는 것은 순식간이다. 그 순간부터 그 사람은 위선자가 된다. 위선은 겉으로는 누구에게도 타격을 주지 않는 것처럼 보이지만, 결국은 상대방에게 피해를 주는 동시에 스스로를 무너트리는 위험한 존재이다.

　남 속이는 것을 밥 먹듯 하면서도 자식에게는 정직해야 한다고 말하거나 남이 약속을 지키지 않을 때는 화를 내고 자신에게는 유독 관대한 사람도 위선에 오염된 사람이다. 특히 그들이 흔히 사용하는 거짓말은 한 사람의 명예를 완전히 실축시키거나 사람과 사람 사이를 완전히 갈라놓기 전에는 절대로 사라지지 않는 괴물과도 같다. 거짓말은 애써 키워온 자부심을 황폐화시키는데, 이 상처를 치료하는 약은 오직 정직뿐이다. 정직한 사람은 양심대로 살아가고자 하는 용기와 굳건한 자제심을 가지고 있다.

자부심은 차원 높은 자신만의 보물이다. 이 보물을 지닌 사람은 자신은 물론, 다른 사람에게도 도움을 줄 수 있는 여건이 준비되어 있다. 남을 이용하여 그 사람의 눈물과 피를 밟고 자신의 뜻을 이루려는 사람들과는 차원이 다르다. 마음이 부자인 사람은 다른 사람을 위해서 아낌없이 자신의 것을 내놓을 수 있다. 그런 사람을 가리켜 '신앙의 영웅'이라고 한다.

그런 사람에게는 분명한 목적의식과 삶의 고결함이 묻어나며, 항상 많은 사람들이 함께한다. 한 푼도 받지 않고 헌신적으로 다른 사람을 돕는 사람들 말이다. 그들은 왜 그렇게 어떤 대가도 바라지 않고 열성적으로 일을 하는 것일까? 그들은 이미 남이 갖지 못한 정신적인 부(富)를 이룩한 사람들이기 때문이다.

당신에게도 그런 힘이 있다. 자신의 존재를 명예롭게 하는 힘 말이다. 그러나 유감스럽게도 사람들이 그 힘을 가치 있는 일에 활용하지 않기 때문에 문제가 꼬이는 것이다. 이렇게 복잡하게 뒤얽힐 때 우리는 두려움을 갖게 된다. 그런 사람은 오늘 무엇을 먼저 해야 할 것인가에 대한 우선순위조차 분간할 힘을 잃는다. 먼저 "나는 할 수 있다"는 강한 자부심을 갖도록 하자. 성공은 자부심을 가진 자의 것이다.

인간의 내면에 있는 감정이 말로 드러나면서 행동과 일치될 때 우리는 이를 두고 '언행일치'라고 한다. 언행일치는 진실로서, 거짓을 상대할 수 있는 가장 힘 있는 무기이다. 진실을 가진 사람은 자부심이 넘친다. 굳이 거창한 말로 표현하지 않아도 진실을 말하면 거짓으로 무장된 상대는 겉으로 드러내지는 않지만 두려움을 느낀다. 상대가 나를 두려워하고 있다면 그것은 이미 항복 선언을 한 것이나 다름없다.

자신의 평판을 관리하라

사람은 살아가는 동안 다른 사람들과 더불어 살아갈 수밖에 없는 존재이다. 이것을 다른 말로 하면 인간관계라고 한다. 인간관계가 좋지 못하면 당연히 평판이 좋을 수도 없다. 본인 스스로는 아무런 하자가 없는 완벽한 사람이라고 생각하지만, 남들에게 "아니올시다!"라는 평판을 듣고 산다면 분명 본인에게 문제가 있는 것이다. 스스로를 결단력 있고 상황 판단은 물론 임기응변에 능해 리더로서의 자질이 충분하다고 생각해도, 다른 사람의 눈에는 자기주장이 강하고 독단이 심하다는 평가를 받을 수도 있다. 그래서 자신이 생각하는 '나' 보다는 더불어 살아가는 다른 사람들 속에 있는 '나' 의 의미가 더 중요할 때도 있다.

직장에서 승진심사를 할 때 결정적인 역할을 하는 것 중의 하나도 평판이다. 평판은 함께 일한 동료들이나 상사 혹은 후배들이 써준 또 하나의 이력서와도 같다. 평판은 스스로 생각하고 말하고 행동하는 것에 대한 자기 판단이 아니다. 함께 일해본 경험이 있는 사람들이 말해준 나에 대한 평가서이다. 문제는 한 번 형성되면 바꾸기가 쉽지 않다는 데 있다. 가령 평판 때문에 승진이 좌절되는가 하면 이직의 아픔을 감수할 수밖에 없는 경우도 종종 있다. 그렇다면 다른 사람이 나를 평가하는 기준은 무엇일까?

타인으로부터 좋은 평판을 듣는 사람들의 공통점을 살펴보면 첫째, 자기 관리가 철저한 동시에 매사 명확하게 자신의 의사를 표현하는 사람이다. 둘째, 한 번 말하면 그 말에 책임을 지는 사람이다. 가령 회사 업무처리가 신속할 뿐만 아니라 한 번 한 약속은 자신에게 피해가 되어도 지킬 줄 아는 사람이다. 셋째, 자기 분야에서는 누구도 넘볼 수 없는 지식을 가지고 있다. 아는 것이 있기에 힘이 있고 후배들에게도 훌륭한 멘토가 되어 준다. 넷째, 매사에 긍정적인 도전의식이 있다. 또한 다른 사람에게서 찾아볼 수 없는 자신만의 카리스마까지 겸비하고 있다.

이외에도 평판이 좋은 사람은 열린 소통자와 같다. 상대를 설득할 때 말에 무게가 있는 동시에, 말할 때에도 애매모호한 미사여구를 동원하기보다는 명확한 근거에 입각해서 상황에 꼭 필요한 말만 한다. 상대방을 높여주면서 자신을 낮추는 삶을 살지만, 알고 보면 이러한 서번트 리더십이야말로 진짜 고단수들만이 행할 수 있는 특권이다.

평판이 좋은 사람은 절대로 남의 험담을 입에 올리지 않는다. 세 사람을 죽이는 흉기임을 알기 때문이다. 여기서 세 사람이란 험담을 말하는 본인, 험담의 대상자, 그리고 그 험담을 듣는 사람을 말한다. 결국 험담은 모두의 발등을 찍는 말에 불과하다.

평판이 좋은 사람은 많은 사람들과 더불어 살아가는 동시에 확실한 인맥을 형성하고 그들과 함께 기쁨, 고통, 슬픔, 성공을 나누면서 살아가기에 행복한 삶을 살 수 있다. 그렇다면 평판이 좋은 사람이 되기 위해서는 어떤 노력을 해야 할까?

첫째, 본인 스스로 가치 있는 목표를 정하고 스스로 그 가치관을 존중하는 마음을 잉태해야 한다.

둘째, 불의를 볼 때는 자신 있게 항상 "아니요"라고 말할 수 있어야 한다.

셋째, 처해진 상황 때문에 나에게는 손해, 다른 사람에게는 유익이 되는 경우 나의 이익을 양보할 수 있는 마음을 가져야 한다. 다른 사람과 함께할 때는 최선을 다하고, 능력이 없거나 자기의 이익을 위해서는 털끝만 한 양보도 없는 사람이라는 인상을 주어서는 안 된다.

넷째, 때로 슬럼프가 찾아와도 고난 뒤에는 언제나 좋은 일이 기다리고 있다는 신념을 가지고 돌파할 수 있는 저력을 가진 사람이 되어야 한다.

다섯째, 누군가로부터 지시를 받은 후에야 움직이려 하지 말고 스스로 알아서 챙기는 사람이 되어야 한다. "저 인간은 시키지 않으면 절대로 움직이는 법이 없는 사람이야"라는 말을 듣는 것처럼 불행한 일은 없다. 그런 사람은 타율적인 인간이라는 굴레를 쓰고 다니기 때문에 누구든 손사래를 치고 말 것이 분명하기 때문이다.

요즘 같은 경쟁사회에서 CEO가 직원들의 승진이나 연봉을 결정할 때 가장 우선시하는 것은 조직에 대한 충성심이다. 아울러 동료들의 입에서 나오는 그 사람에 대한 평판도 큰 영향력을 발휘하게 된다. 만약 평소 상사와 잦은 마찰을 일으키거나 부하직원을 다루는 능력이 서툴다면 많은 감점요인이 될 것이다. 그러므로 열린 마음으로 동료들을 대하고 그들이 말하는 의도가 무엇인지 재빨리 파악하는 해결사 노릇을 할 각오로 임해야 한다.

평판관리의 핵심은 인간관계이다. 이는 사회생활의 기본인 예의가 시작이다. 언제 어디서든 예의범절이 바른 사람은 인간관계가 좋을 수밖에 없다. 그래서 생긴 말이 "인사만 잘해도 성공한다!"이다. 예의 바른 인사가 첫인상에 얼마나 큰 영향을 주는지 필자는 많은 경험을 통해 경험한 바 있다. 평판지수를 높인다면 성공과 미래를 위한 징검다리가 되어줄 것이다. 처음 가진 인상이 나중에 행하는 모든 것에 영향을 미친다는 것을 잊지 말자!

태어나 처음 만나는 작은 사회, 가정

 아이들에게 최고의 스승은 부모이며, 최고의 교육기관은 값비싼 학원이 아니라 가정이라는 보금자리이다. 아이들은 어릴 때부터 부모의 행동과 말, 사고방식을 무의식중에 본받게 된다. 가령 부부싸움을 자주하는 사람들의 어린 시절을 들여다보면 그와 비슷한 부모 밑에서 성장한 이들이 의외로 많다. 배운다는 것은 모방에서 시작된다. 가정과 부모는 자녀들에게 최고의 모방훈련을 위한 장소이자 롤모델이다.

한 통계청의 조사에 따르면 아버지와 자녀 간의 평균 대화시간이 하루 평균 3분에 불과하다고 한다. 당신이 3분 동안 할 수 있는 말이 얼마나 될까? 오늘 하루 일을 지극히 사

무적으로 브리핑하는 정도에 불과할 것이다. 그러나 유대인 가정은 다르다. 안식일이 되면 아버지는 자녀들을 한 명씩 자기 방으로 불러 일주일 동안 일어났던 일과 경험에 대해 이야기를 나눈다고 한다. 대화시간은 30분에 불과하지만 아버지는 자녀에게 자신의 경험과 사상을 들려주며 서로의 마음을 헤아리는 귀한 시간을 보내게 된다.

독일의 경제학자이자 정치학자인 칼 마르크스의 아버지는 아들의 비범한 재능을 일찍이 간파하고 수시로 편지를 보내 그의 독선적이고 비타협적인 결점을 지적해주었다고 한다. 이와 같이 부모는 자녀가 모방하는 제1의 대상이다.

어떤 부모는 자녀의 성적이 좋지 않으면 안절부절하지 못하고 학원, 과외 할 것 없이 닥치는 대로 몰아넣는다. 그런데 그런 부모들은 솔선수범하여 책을 읽거나 공부하는 모습을 보여주지 않는다. 부모는 자녀들을 꾸중하기 전에 먼저 집안에서 소설이나 잡지라도 열심히 읽는 모습을 보여주어야 한다. 한쪽에서는 텔레비전을 보거나 잡담을 하며 웃고 노는데, 한쪽에서 공부하기만 바라는 것은 얼마나 모순된 생각인가!

우리나라 부모들은 자녀교육을 교육기관에만 맡기려는 경향이 있다. 그러나 교육기관은 지식교육에 치우쳐 있을 뿐, 인성교육에는 거의 신경 쓰지 않는다. 무조건 성적이 좋고 말썽을 부리지 않은 학생만이 최고의 대접을 받는다.

아이가 무슨 생각을 가지고 있는지, 교우관계는 원만한지, 좋아하는 것은 무엇인지 파악하는 것 모두 부모의 몫이다. 부모가 가진 근면, 절약, 겸손, 신앙교육은 곧 그 자녀의 생활 지침이 된다.

현대문명은 고도의 기술과 풍부한 지식을 가진 사람을 요구한다. 이러한 현대사회의 욕구를 충족시키기 위해 각 교육기관은 열심히 임무를 수행하고 있는 셈이다. 실제로 훌륭한 교육기관을 이수한 사람들이 사회의 각 분야에서 중요한 일을 하고 있는 경우가 많다.

그러나 새로운 사상이나 연구는 단순한 지식의 습득에서 이루어지는 것이 아니라, 창조적인 전인교육을 통해 개발되고 실현된다. 부모로부터 왜곡된 인생관과 부정적인 생각을 교육받은 아이는 아무리 많은 지식을 습득했다고 해도 새로운 학문의 주인공이 되기 어렵다.

자녀들이 고귀한 이상과 높은 뜻을 가진 훌륭한 사회인이 될 수 있도록 교육하는 것은 가정이요, 부모가 해야 할 의무이다. 부모의 생각과 행동은 자녀에게 그대로 전이된다. 성실한 부모는 그 자녀에게 성실을 가르치고, 겸손한 부모는 그 자녀에게 겸손을 가르친다.

이 세상 그 어디에도 아버지와 어머니만큼 훌륭한 스승은 없다. 행복한 가정, 행복한 부부, 행복한 부모와 자녀관계가 진정한 성공으로 가는 지름길임을 명심하자.

유대인들은 가정교육을 무엇보다도 중요시한다. 그들은 타국에서 유랑생활을 하면서도 어린 자녀에게 유대 민족사와 유대의 토라(율법), 그리고 구약성경을 가르쳤다. 탈무드에 "아버지가 나의 마음에 남겨준 것을 나의 아들에게 남겨주고 싶다"는 말이 있다. 이 말은 부모의 위치가 자녀교육에 얼마나 중요한 역할을 하는지 실감나게 해주는 말이다. 또 "다섯 살 된 아들은 당신의 주인이고 열 살 된 아들은 노예이고, 열다섯 살 된 아들은 당신과 동격이 된다. 그리고 그 뒤에는 기르는 데 따라서 친구도 되고 원수도 된다"라는 말도 있다. 자녀에게 부모가 더없는 스승임을 강조한 말이다.

성공을 향한 인맥 네트워크

맥은 곧 연(緣)과 일맥상통하는데, 우리나라처럼 맥(脈)을 따지는 민족도 별로 없다. 학연이나 지연이 성공을 좌우한다고 믿는 사람들도 유독 많다. 물론 학연이나 지연만으로 성공의 문이 열리는 것은 절대 아니다. 한때 이것은 사회적으로도 큰 문젯거리가 되었으며, 지금까지도 사회 곳곳에서 좋지 않은 영향을 끼치고 있는 것이 사실이다.

하지만 그것을 정정당당하게 이용하면 살아가는 데 힘이 될 수 있다. 사람들은 인맥형성을 위해 많은 시간과 투자를 한다. 당신의 인맥은 지금 얼마만큼의 영향력을 가지고 있는가? 지금 종이를 꺼내 당신과 친하다고 생각하는 사람들의 이름과 연락처를 써보아라. 휴대전화나 수첩에 있는 명단을 보지 않고 쓸 수 있는 사람이 얼마나 되는가? 당신이 급작스레 부모를 잃었을 때 만사를 제치고 와줄 수 있는 사람이 얼마나 되는가? 반대로 그런 소식을 접했을 때 만사를 제쳐두고 달려가야 할 사람을 생각해보자. 그것이 바로 당신의 인맥 평가서이다.

대학을 졸업하고 본격적으로 사회에 나가면 주로 같은 분야의 사람들을 만나게 된다. 그럴 때 지금보다 나은 삶을 살기 원한다면 다른 분야의 사람들과 교류하는 것도 무척 중요하다.

인맥 네트워크를 넓혀가기 위해서는 어떻게 해야 할까? 당장 할 수 있는 것은 학창 시절의 친구들을 소중히 여기고 관계를 지속하는 것이다. 학생 때 친구들이 많았고 사람들과 금방 친해지는 성격을 가진 사람들도 사회생활을 하기 시작하면 연락을 잘 하지 못해 관계가 소원해진다. 안타까운 일이다. 하지만 동창생이란 나이를 먹어도 이해득실을 따지지 않고 가깝게 지낼 수 있는 고마운 사람들이다.

동창회와 같은 모임을 통해서 형식적으로 관계를 유지하는 것이 아니라, 인생의 소중한 사람들이라 생각하고 바쁘다는 핑계로 소홀함이 없어야겠다. 다른 분야에서 일하는 친구

라도 유익한 만남으로 이어지도록 노력해보자. 자신이 잘 알지 못하는 분야에 대해 이야기를 들을 수 있고, 다양한 정보를 얻어 자신을 계발하는 데 도움이 될 것이다. 자신이 몸담고 있는 분야의 사람들은 특별히 노력하지 않아도 만날 기회가 많지만, 다른 분야의 사람들은 만나기가 쉽지 않다.

현재의 인맥을 중요하게 여기고 그것을 풍요롭게 만들어가려면 어떻게 해야 하는가? 방법은 간단하다. '내가 먼저'라는 원칙을 세우고 인맥 체크 리스트를 보면서 연락을 하면 된다. 그것이 바로 나의 인맥 네트워크이기 때문이다. 요즘에는 마음만 먹으면 얼마든지 가능하다. 문자 메시지, 이메일, 메신저 등 언제 어디서나 사람들에게 안부를 전할 수 있다. 더 좋은 것은 친구의 생일에 카드 한 장이라도 보내는 성의이다.

인맥 네트워크를 정기적으로 점검해보자. 편지를 보내야 할 사람, 이메일, 문자메시지, 전화해야 할 사람, 아니면 일년에 한 번은 꼭 만나야겠다는 계획을 세우고 실천할 때 당신의 성공가도에 상상도 못한 인맥의 힘이 생길 것이다.

많은 사람들이 인맥이라고 하면 "일하는 데 도움을 얻을 수 있는 사람과 관계를 맺는 것"이라고 생각한다. 하지만 그렇지 않다. 친근하게 이야기를 나누면서 다양한 분야의 사람들과 폭넓게 교류할 수 있는 사람이 포함된다. 이해득실을 따지며 교우관계를 만들어가는 사람은 깊은 인간관계를 맺기 어렵다. 더욱 폭넓은 인간관계를 형성하기 위해서 인맥 네트워크를 만들기 위해 노력해야 한다.

알고 있는 사람들의 이름을 쓰고 그 옆에 나와의 친근감을 상·중·하로 표시해보자. 그리고 그중에서 1년에 한 번 정도 연락하는 친구, 1달에 한 번 정도 연락하는 친구, 한 주에 한 번, 혹은 매일 연락하는 친구를 표시한다. 이를 통해 자신의 인간관계가 어떤지 파악할 수 있다. 혹시 "나는 사람들을 너무 사무적으로 만났구나!", "진정으로 기쁨과 고통을 나눌 수 있는 친구가 별로 없구나!"라는 생각이 들지도 모른다.

인간관계는 폭넓게, 인맥관리는 섬세하게

사회생활을 하는 데 있어 가장 신경 써야 할 부분이 대인관계이다. 아무리 능력 있는 사람이라고 해도 대인관계가 원만하지 못하면 직장생활을 하기가 힘들다. 대인관계에서 어려움을 겪는 사람들은 크게 두 부류로 나뉜다. 갈등을 잘 해결하는 방법을 몰라 대화보다 싸움으로 결말을 내는 사람이 있는가 하면, 남들이 자신을 어떻게 평가할까 두려워 사람들에게 다가가지 못하는 사람도 있다. 우선 자신감을 갖고 원만한 대인관계를 형성하기 위해서는 꾸준히 노력해야 한다.

자신에 대한 긍정적인 사고가 없다면 타인과의 관계에서도 어려움을 겪을 수밖에 없다. 자신에 대한 긍정적인 마인드를 갖기 위해 가장 중요한 것은 이 세상에 단 하나뿐인 자신을 있는 그대로 사랑하는 일이다. 또한 나를 사랑하는 만큼 남들도 귀중한 존재라는 것을 항상 기억해야 한다.

누구나 자기를 좋아하는 사람을 미워하기는 힘들다. 인간관계에는 부메랑의 법칙이 적용된다. 무엇을 던지든지 반드시 그것을 되돌려 받는다는 법칙을 살면서 한 번쯤 겪었을 것이다. 이 때문에 호감을 얻고 싶은 사람이 있으면 먼저 다가가 표현하는 것이 좋다. 부메랑의 법칙에서 알 수 있듯이 상대방을 어떻게 대했느냐에 따라 인간관계도 180도 달라진다. 스치는 말 한마디에 친절이 스며들면 아무리 못난 사람도 달리 보이는 법이다. 아무리 화가 나더라도 오는 말이 고우면 가는 말도 곱게 할 수밖에 없다. "웃는 얼굴에 침 못 뱉는다"는 말과 같은 이치이다. 상대방이 먼저 호감을 보이면 아무리 싫어도 어느 정도는 관심을 보이게 마련이다.

대인관계에서 중요한 것은 약속 이행이다. 일단 약속은 아무리 사소한 것이라도 지켜야 한다. 5분쯤이야 하는 생각은 자신을 5분 퇴보하게 만든다. 가령 출근시간이나 회의시간은 회사와 직장 동료들과의 약속이기도 하다. 자신이 약속시간을 지키지 않아 맡은 일에 차질이 생긴다면 인간관계에도 금이 간다. 약속을 잘 지키는 사람으로 인식되는 것은 소중한 자산이며 신용을 쌓을 수 있는 가장 확실한 도구이다. 거기에 확실한 일처리와 매사에 꼼꼼한 모습을 보여준다면 금상첨화이다. 신뢰라는 것도 알고 보면 일하는 과정에서 생기는 작은 실천과 보람을 동료들에게 선사하면서 싹트기 시작된다. 그러다 보면 "이 사람과 일하면 확실해서 좋아", "이럴 땐 그 사람이 안성맞춤인데" 하는 식의 말을 듣는 것도 그리 어려운 일이 아니다.

타인과 갈등이 생겼을 때는 먼저 갈등의 원인이 무엇인지 찾아야 한다. 다른 사람과 갈등을 겪고 이를 해결하지 못해 고민이라면 갈등 해결의 노하우를 찾아보자.

첫째, 갈등의 원인을 정확히 파악하자.

둘째, 나와 갈등하는 사람이 아니라 '문제'에 집중하자.

셋째, 서로의 '공통 관심사'를 찾아보자.

넷째, 용서의 기술을 높이고 복수의 충동은 줄이자.

이처럼 갈등의 근본원인에 초점을 맞추고 이를 해결하기 위해 서로 타협하고 노력하면 상대방과 화해할 가능성도 커진다. 그러면 더욱더 탄탄한 인간관계를 쌓아갈 수 있는 계기를 마련할 수 있다.

대인관계를 우호적으로 맺는 방법 중에 말은 참으로 유용한 역할을 한다. 우선 미소 띤 얼굴로 사람들과 간단하게 인사를 나누고 좋은 분위기를 만들어 나간다. 대화의 주제는 여러 사람이 공감할 수 있는 것으로 선택하자. 대화 중 어떤 상황이든지 그 자리에서 결론을 내리는 듯한 언행은 되도록 삼가는 것이 좋다. 지나친 강조가 자칫 상대방과의 언쟁으로 연결될 수 있기 때문이다.

또 무거운 이야기나 자칫 언쟁으로 이어질 가능성이 있는 정치 이야기는 피하고, 가볍게 웃고 즐길 화젯거리를 이끌어내야 한다. 입사동기 모임, 후배와의 모임 등 허물없는 자리에서도 남의 말을 경청하는 태도는 기본이다. 자신이 얘기할 때 남들이 흥미를 보이더라도 일정 시간이 지나면 화제를 바꿔 다른 사람에게 기회를 돌리는 센스도 필요하다.

Chapter 04

당신의 지식에 대해 말할 수 있는가?

"만일 네 집이 불타고 재산을 모두 빼앗기면 무엇을 가지고 달아나겠느냐? 그것은 모양
도, 빛깔도, 냄새도 없는 거란다." 유대의 어머니들은 이 질문을 통해서 아이들에게 지
식 의 중요성을 가르친다. 어떤 사람이나 국가도 다른 사람이 가진 지식을 강제로 빼앗을
수 없다. 지식은 그 사람이 죽을 때 비로소 사라지는 영원한 무형의 재산이기 때문이다.

최고 목표점을
그려라

스스로 노력해서 자신의 꿈을 이룬 사람을 보통 성공했다고들 말한다. 그런데 그들에게는 뚜렷한 목표가 있고, 그 목표를 향해 남보다 더 열심히 노력하고자 하는 남다른 의지가 있다. 우리는 집을 지을 때 설계도면을 그린다. 성공하는 사람은 자신의 목표를 위해 설계도를 그리고 꿈을 이루고자 그 설계도대로 실행을 한다.

현재 일류 주방장이 되어 남부러울 것 없는 삶을 살아가는 사람이 있다. 처음 요리사가 되고 싶은 마음에 음식점 주방을 기웃거렸을 때 그가 할 수 있는 일은 그릇을 닦고 음식을 만들기 위한 재료를 씻고 다듬는 일이 전부였다. 하지만

그는 단 한 번도 그것을 하찮은 일이라고 생각한 적이 없었
다. 대신 "어떻게 하면 좋은 재료를 구할 수 있을까?", "어떻
게 하면 빠르고 깨끗하게 씻을 수 있을까?" 등 하루하루 요리
에 관련된 일을 메모하며 궁금증을 해결하기 위해 공부했다
고 한다. 그리고 집에 와서 주방장이 만든 음식을 실습하고
또 실습했다.

쉬는 날에는 근처 유명 음식점에 가서 몇 가지 음식을 시
켜놓고 맛에 대해 공부했다. 얼마 안 되는 월급을 새로운 음
식을 맛보는 데 쓰느라 돈이 남아나지 않았지만, 그것을 자기
것으로 만들어 더 새로운 맛을 개발하기도 했다. 그에게 소망
을 주는 영양분은 '배움'이라는 몸부림이었다.

5년 후 그는 주방장 보조가 되었다. 그러나 배움에 대한
그의 여정은 끝날 줄 몰랐다. 그가 꿈꾼 세계 제일의 주방장
이 되려면 아직도 갈 길이 멀었기 때문이다. 연봉이 오르면
오를수록 그의 음식점 순례도 수준이 높아졌다. 국내 유명 요
리의 순례가 끝났다고 생각한 그는 최고의 요리를 찾아 세계
오지도 마다하지 않았다. 한순간도 '세계 제일의 주방장으로
태어난 사람은 없다. 자기 노력을 통해서 만들어질 뿐이다'
라는 생각을 놓지 않은 결과, 결국 그는 세계 최고의 요리사
로 인정받을 수 있었다.

그리고 요리를 시작한 지 15년이 되던 해, 자기 이름을 내건 레스토랑을 열게 되었다. 그는 음식을 만든 뒤 자신의 요리를 먹은 고객들과 대화의 시간을 가졌다.

"저는 세계 제일의 음식을 만들어 드리고 싶습니다. 음식은 사람과 사람, 생명과 사람을 이어주고, 과거와 현재를, 가족과 가족을 연결시켜 주는 다리 역할을 합니다. 그 영원한 만남의 광장이 제가 만드는 음식이 되기를 소망합니다."

또한 그는 유명 요리사로 인정받은 것에 대해 이렇게 말한 적이 있다.

"제게 성공이란 돈을 많이 버는 것이 아닙니다. 단지 손님들을 행복하게 할 수 있고, 그들이 제가 만든 음식을 먹으면서 마음의 문을 열고 하나가 되는 것을 보는 것만이 성공이자 행복입니다."

당신도 그렇게 할 수 있다. 문제는 청사진이다. 어떤 사람이 되기를 원하는가? 어디까지가 당신이 생각하는 목표점인지를 분명히 안다면 당신은 이미 절반의 성공을 거둔 것이나 마찬가지이다.

성공한 사람들에게는 남다른 성공전략이 있을까? 그런데 성공한 사람들에게 물어보면 특별한 비법이 없다고 말한다. 혹시 혼자만 알고 싶어서 대답을 회피하는 것이라고 오해하는 사람이 있다면 그런 생각은 시간 낭비일 뿐이다. 그래도 궁금하다면 성실과 노력을 묵묵히 이행하는 것만이 방법이라면 방법이다. 성공한 사람들의 경험을 보고 배우는 자세도 중요하지만, 성실과 노력이라는 기본기를 갖추고 유행에 휩쓸리거나 다른 사람의 말에 솔깃하지 말고 자신의 소신을 지키는 것이 변치 않는 비법이다.

플러스 사고와
마이너스 사고의 차이

목수는 일을 시작하기 전에 자신이 사용할 연장을 닦고 조이고 기름을 쳐두는 등 꼼꼼히 점검한다. 이렇게 오늘 하루를 살기 위해서는 끊임없는 준비가 필요하다. 당신이 계획하고 결정하는 그 일이 당신의 인생을 바꿀 수 있는 엄청난 전환점이 된다면 오늘 하루는 당신 인생에 가장 중요한 날이 될 수 있다. 그런 중대한 결정의 날이 오늘이라면 어찌 하루 사용할 내적인 무기를 점검 없이 시작할 수 있겠는가?

먼저 나만이 가진 플러스 요인이라 할 수 있는 장점을 살펴보자.

"나는 정직한 편인가? 소심한 편인가? 나는 시간을 철저하게 지키는 편인가? 지저분한 것보다는 깨끗한 것을 좋아하는가? 늘 남의 입장에서 상대방의 마음을 읽고 이해하려고 노력하는가?"

이것이 바로 당신이 가진 당신만의 장점이다. 좋은 무기를 놔두고 성능 나쁜 무기를 사용한다면 어떻게 하루를 충실하게 살 수 있겠는가?

다음은 부정적인 요소이다.

"나는 소심한 성품 때문에 신속하게 결정하지 못하고 미루는 편인가? 남을 생각하기보다는 내 이익을 우선하는 이기주의자인가? 사소한 것에 화를 내면서 작은 것에 목숨을 거는 얼간이는 아닌가? 시기심이 유달리 강해서 남의 장점을 인정하기보다는 애써 외면하는 편은 아닌가? 과도한 지출로 나를 과시하는 성격의 소유자는 아닌가?"

이렇게 자기 안에 있는 단점을 발견하면 우선 그 단점을 내쫓는 사고로 전환하려는 자세를 가져야 한다.

"저 사람과는 성격이 안 맞아. 이 일은 내게 적합하지 않아"라는 식으로 핑계거리를 찾기 시작하면 무슨 일이든 순조롭게 진행될 리 없다.

자신에 대한 고정관념을 없애고 좋은 면, 밝은 면, 가능성의 면을 발견하는 플러스적인 사고로 자신의 마음을 이끌어야 한다.

그 다음에는 어떤 일이든 경험하고자 하는 적극성이 필요하다. 무슨 일이든지 해보는 것이 중요하다. 자신이 몸소 겪은 경험은 귀중한 지식이 된다. 듣는 것보다 직접 눈으로 보고, 보는 것보다 몸으로 뛴다는 마음가짐으로 무슨 일에든 도전한다면 이미 절반은 이룬 셈이다.

때때로 스스로에게 자문을 해보자.

"어떻게 하면 내 자신을 인정할 수 있을까? 어떻게 하면 내가 가지고 있는 재능을 자각할 수 있을까?" 이런 질문은 대단히 바람직한 징후이다. 대부분의 사람들은 자기 자신에 대해 너무나 무관심하다.

자기 안에 있는 적을 물리치기 위한 몇 가지 방법이 있다. 사람들이 자신이 무엇을 원하고 있는지 모르겠다는 말을 할 때 그 말은 진실이 아니다. 단지 표면적으로 인식하지 못하고 있을 뿐이고, 가치 있는 것을 입수하고자 하는 자신이 없음을 뜻한다.

자신을 인정하는 플러스적인 사고의 첫 번째는 자신이 진정 무엇을 하고 싶은지, 무엇을 원하는지, 혹은 어떻게 되고 싶어 하는지를 분명히 알아야 한다. 만일 자신이 원하는 것이 사업이라면 자신에게 그것을 달성할 만한 재능을 가지고 있다고 믿어야 한다. 이렇게 자신의 성품을 플러스적인 사고로 전환하는 첫걸음은 지금 당장 시작하는 것이다. 고집, 이기심 같은 마이너스 사고도 투항시켜 나의 성품에 맞게만 활용하면 얼마든지 우군으로 만들 수 있다. 문제는 여러 가지 방해 요소들과 대처만 하는 자세이다. 꼭 그것들을 뛰어넘어 내 안에 있는 장점으로 만들어라. 그것이 출발이다.

플러스 사고를 하기 위해서는 먼저 자신의 단점을 없애도록 노력해야 한다. 그런데 자신의 단점을 잘 알고 있으나 잘 고쳐지지 않을 때처럼 난감한 일도 없다. 아는 것만으로는 역부족이다. 행동으로 개선하여 습관화하도록 해야 한다. 가령 말하기에 재능이 없는 사람이라면 다른 사람과 자주 대화하도록 노력한다거나, 소극적인 사람이라면 각종 동호회에 가입하여 마음에 활력을 불어넣어보는 것은 어떨까? 그러는 사이 자신의 장점을 발견하고 자신감도 키워 단점을 커버할 수 있을 것이다.

고귀한 실패는 허울 좋은 성공을 비웃는다

사람들은 일본에서 전자사업으로 성공을 거둔 마쓰시타 전기 창업주인 고노스케를 '경영의 신' 이라고 부르곤 한다. 어느 신문기자가 고노스케에게 물었다.

"혹시 실패한 경험이 있으신지요?"

"나는 단 한 번도 실패한 적이 없습니다. 실패한 순간에 포기하면 실패가 되지만, 다시 시작하여 노력하면 그 실패는 실패가 아닌 새로운 성공을 위한 출발점이 될 수 있습니다. 그래서 나에게 실패는 실패가 아닌 성공을 위한 새로운 도전이고 시작이었습니다."

누구나 성공하고 싶어 하지만 성공하는 사람과 실패하는

사람을 살펴보면 그렇게 될 수밖에 없는 확실한 차이가 존재한다. 고노스케의 말처럼 끝까지 밀고 나가는 인내와 집념도 중요하지만, 마음가짐이 더 중요하다. 성공한 사람들은 자기 나름대로의 성공 원칙을 가지고 있으며, 실패자 역시 실패원칙대로 살아가기 때문에 인생이 힘들 수밖에 없다.

그렇다면 성공한 사람들과 실패한 사람들은 무엇이 다르기에 그토록 다른 길을 걷고 있는 것일까?

성공하는 사람은 실패가 닥쳤을 때 그것을 실패라 생각하지 않고 도약의 기회라고 생각한다. 실패가 번연히 예상될 때조차도 실패라는 말을 가슴에 담아두지 않는다. 그 대신 성공할 수 있는 방법을 향해 발상을 전환시킨다. 그러나 실패하는 사람은 이제 다른 방법은 없다고 쉽게 포기하고 만다. 쓸데없는 노력으로 힘만 뺀다고 생각하기 때문에 좌절의 늪으로 더욱 깊숙이 빠져든다. 다시 뭔가를 향해 도전하고자 하는 작은 의욕까지 실패라는 늪 속에 던져버리는 어리석은 행동을 반복한다.

성공하는 사람은 하던 일이 실패로 결말이 나면, 즉시 자신의 잘못을 인정하고 개선할 방법을 찾기 위해서 동분서주한다. 실패의 원인이 무엇인지 규명하기 위해서 수많은 사람들의 고견을 경청한다. 그러나 실패하는 사람은 실패의 책임이 자신이 아닌 다른 사람에게 있다고 생각하고, 신세를 한탄하며 세상을 원망하는 데 몰두한다.

성공하는 사람은 어려운 문제가 앞길을 가로막아도 절대 포기하는 법이 없으며, 처음 시작할 때보다 더욱 열심히 뛰면서 승부는 지금부터라고 생각한다. 그러나 실패하는 사람은 산통이 깨졌다고 생각하고 다른 꿈을 키울 생각조차 하지 않는다.

성공하는 사람은 다른 사람에게 부탁하기 위해서 동분서주하지 않고 스스로 새로운 것을 향해 돌진한다. 그러나 실패하는 사람은 지금 당장이라는 말을 망각하고, 다음을 위해 힘을 비축해야 한다는 핑계를 대면서 기약 없는 방황의 길로 들어선다.

성공하는 사람은 늘 "나는 부족하기 때문에 더 많은 것으로 충전되어야 한다"고 생각하며 배움과 새로운 지식을 탐구하기 위해 이리 뛰고 저리 뛴다. 그러나 실패하는 사람은 "나는 능력이 있지만 운이 없어서 실패했다"고 생각한다.

성공하는 사람은 자기보다 능력이 있는 사람을 보면 그 '노하우(Know How)'를 배우기 위해서 비지땀을 흘린다. 그러나 실패하는 사람은 자기보다 잘난 사람을 어떻게든 끌어내리기 위해서 비방하는 말을 퍼트린다.

성공하는 사람은 기회가 꼭 온다고 믿으며, 틀림없이 더 좋은 방법이 있다는 확신을 가지고 지금 자신이 처한 상황을 어떻게든 개선하려고 노력한다. 그러나 실패하는 사람은 지금까지 해온 방법이 최고라고 믿고 개선할 노력을 하지 않는다.

성공하는 사람은 비록 실패작을 만들었지만 그것을 만들어준 기계를 보면서 감사해하며, 다시 한 번 닦고 기름 치고 조이는 일을 멈추지 않는다. 그러나 실패하는 사람은 기계가 문제였다고 생각하면서 먼지 묻은 기계를 발로 차버린다.

당신은 과연 어떤 사람인가? 실패하는 사람은 성공은 성공으로만 받아드리고 실패는 실패로만 받아드린다. 성공하면 우쭐한 마음에 미래를 준비하지 않고, 실패하면 그 길로 곧장 좌절의 늪에서 빠져나오려고 하지 않는다. 고귀한 실패는 빛 좋은 개살구 같은 성공보다 당신의 인생을 더욱 풍요롭게 해줄 것이다. 자신을 돌아보고 성공하는 사람이 될 수 있도록 노력하기 바란다.

영화감독 우디 앨런은 "가끔 실패하지 않는다면, 언제나 안이하게 산다는 증거이다"라고 말했다. 매일 성공하는 사람은 단 한 번의 가벼운 실패에도 어찌할 바를 모르고 쓰러진다. 하지만 실패를 많이 해본 사람은 성공의 소중함을 잘 알고 있으며, 어떤 실패에도 헤쳐나올 수 있는 용기와 담력을 가지고 있다. 당신은 온실 속에서 피는 가녀린 성공의 주인공이 될 것인가, 어떤 상황에도 당당히 맞설 수 있는 튼튼한 선인장이 될 것인가?

미래를 준비하는 사람들의 비밀

과거의 '진리'는 현재에도 여전히 진리일까? 시간이 지남에 따라 사람들이 진짜라고 믿었던 것은 그 의미가 변질되거나 새로운 것이 나타나기도 한다. 하지만 과거에도, 현재에도 진리라면 그것은 영원히 지켜야 할 것임에 틀림없다. 그렇다면 현재의 진리를 토대로 미래의 것을 짐작할 수는 없을까? 성공하는 사람들은 저마다 미래를 바라보는 안목을 가지고 있다. 과거 없는 현재가 있을 수 없듯, 현재 없는 미래도 있을 수 없다. 바른 미래, 즉 성공적인 미래를 꿈꾸는 사람이 되려면 우선 현재에 충실해야 한다.

다른 사람은 나를 대신해서 숨을 쉴 수 없고, 허기진 나의 배를 채우기 위해 대신 먹어줄 수도 없다. 대신 물을 먹어준다고 나의 갈증이 해소되는 것도 아니다. 아무리 부자여도 그것들은 돈을 주고 거래할 수 없고, 나의 미래 역시 다른 사람이 대신해줄 수 없다.

준비 없는 미래는 부실한 미래가 될 공산이 크다. 현재는 미래를 위한 기초이기 때문에 성공한 미래의 주인공이 되기 위해서는 미래의 밑천을 마련해야 한다. 그렇다면 미래를 준비하는 사람이 되려면 어떻게 해야 할까?

"분명한 삶의 목표를 가져라."

목표를 정한 사람만이 그곳을 향해 출발할 수 있고, 어려움을 극복할 마음의 여유도 생긴다. 그들이 도중에 그만두는 일이 없는 이유는 목표를 향해 계속해서 가고 있는 중이기 때문이다. 분명한 목표를 가진 사람이 지금 이 순간을 분명하고 깔끔하게 처리할 수 있다는 것을 알아야 한다.

"적극적인 모험심을 가져라."

모험심을 가진 사람은 현재 삶에 매우 적극적이다. 새로운 세계를 향한 시선이 고정된 사람들로서, 언제나 흔들림 없이 역경이나 고난에 대해 불평하지 않는다. 산을 오르는 사람은 중간에 바위가 있고 길이 고르지 않다고 포기하지 않는 법이다. 정상 정복이라는 야망에 불타오르기 때문이다.

“타인이 모방할 수 없는 경쟁심을 가져라.”

경쟁의 첫 상대는 남이 아니라 자기 자신이다. 자신의 몸, 고집, 습관과의 경쟁에서 이겨야 한다. 남보다 일찍 일어나고, 더 많은 책을 읽고, 더 깊은 생각을 하는 경쟁에서 이겨야 한다. 그 경쟁의 승자가 되어야 다른 사람과의 경쟁에서 이길 수 있는 저력을 지닐 수 있다.

“매사에 밝고 활기차게 행동하라.”

인간은 별과 같은 존재이다. 태양의 영향권에서 벗어난 별은 빛을 발할 수 없다. 미래지향적인 목표는 우리에게 태양과 같은 역할을 한다. 미래의 밝은 빛은 오늘의 고통을 기쁨으로 만들며 용기를 주는 힘이다. 그렇게 밝고 활기차게 행동하다 보면 어둠은 걷히고 미래라는 찬란한 태양이 빛날 것이다.

“항상 세심하게 주위를 살펴라.”

배우고자 하는 사람이 세상에서 가장 힘 있는 사람이다. 세상에 배우지 못할 것은 없다. 조금만 노력하면 얼마든지 다른 사람의 장점을 내 것으로 만들 수 있다. 밑천 없는 장사는 망하는 법이다. 보다 나은 정보는 어디에나 있고, 바로 당신의 발밑에 황금이 있을 수도 있다. 금방 만난 사람이 생명의 은인이 될 수도 있다. 방금 전에 어깨를 스치고 지나간 그 사람이 내게 가장 필요하게 될 수도 있다고 믿어라. 그러면 그 만남을 절대로 소홀히 할 수 없을 것이다.

"끝까지 해내는 끈기를 가져라."

실패는 없다. 오직 실수만 있을 뿐이다. 실패는 좌절이고 종말이지만, 실수는 새로운 시작이자 출발점이다. 에디슨은 백열전구를 개발하기 위해 9,999번의 실수를 거듭했다. 성공은 도중에 그만두는 사람을 좋아하지 않는다. 끝까지 해내고 말겠다는 의지를 불태우는 끈기 있는 사람을 응원하며 힘을 실어준다.

"유연한 사고를 가져라."

교통사고를 당했을 때 어떤 사람이 더 심한 후유증을 앓을까? 단단한 머리와 뼈를 다친 사람들이다. 교통사고로 혀가 부러져 죽은 사람은 없다. 귀가 쪼그라져 불구가 되었다는 얘기도 들어본 적이 없다. 강한 곳에 상처를 입은 사람일수록 큰 고통을 당하는 법이다. 사고(思考)도 마찬가지이다. 유연한 사고를 가진 사람이 경청할 수 있고, 사람들과의 관계도 잘 지탱할 수 있다.

"가정의 협력을 얻어내라."

가화만사성이라는 말은 변하지 않는 불변의 법칙이다. 가정생활이 원만한 사람이 밖에서도 활기찬 삶을 살아갈 수 있

START

다. 사랑하는 아내와 자녀들이 당신이 하는 일과 비전을 보면서 감격하지 않는다면 주변 사람들도 마찬가지일 것이다. 가족의 박수를 받는 사람이 다른 사람에게도 박수를 받을 수 있으며 삶을 당차게 영위할 수 있다.

"새로운 지식 배가에 힘써라."

당신의 지식을 넓힐 수 있는 기회는 많다. 책, 다양한 매체, 각종 세미나 등 도처에 널려 있다. 흐르지 않는 물은 썩는 법이다. 끊임없이 흐르는 강물처럼 자신의 실력을 배가시켜 가는 사람이 성공한다. 아는 것이 힘이다. 알려고 노력하지 않는 사람은 늘 배우는 사람과의 경쟁에서 질 수밖에 없다.

"순간의 지혜를 메모하는 습관을 가져라."

언제 어디서나 순간의 생각이나 아이디어를 놓치지 말고 메모하라. 세계적인 아이디어맨들은 사고로 비행기가 추락하는 순간에도 메모를 남긴다고 한다.

"내가 왕년에는 말이지……"라고 말하며 유독 과거에만 집착하며 사는 사람들이 있다. 또 지금 잘 살면 된다는 생각에 아무 준비도 없이 하루하루를 보내는 사람이 있다. 하지만 미래를 준비하는 사람들은 과거와 현재라는 시간을 모두 귀중하게 생각한다. 과거의 경험을 통해 현재를 거울삼아 늘 계획하고 준비하는 자세야말로 당신의 과거와 현재, 그리고 미래를 모두 빛나게 하는 방법임을 명심하자.

왜 슈퍼 리더십이 필요한가?

태어날 때부터 완벽한 리더십을 가지고 있는 사람은 없다. 부단한 노력과 끈기 있는 훈련을 통해서 리더십을 완성하는 것이다. 더불어 살아가는 사회에서 크든 작든 그 모임을 주도하는 사람이 있게 마련인데, 그를 가리켜 리더라고 부른다. 그들 중에는 대개 성격이 활달하고 사교적인 사람들이 많다. 물론 그러한 성품을 가졌다고 리더가 되는 것은 아니다. 다만 많은 사람들을 통솔해야 하므로 사교적인 것이 더 유리한 게 사실이다.

훌륭한 리더가 되기 위해서는 자신이 속한 공동체에서 무엇이 우선인가를 판단하는 안목이 있어야 한다. 그런 다음 그 우선순위에 따라 자신은 물론 공동체가 힘을 합해 성공적으로 일을 마치면 모두가 자신감을 얻게 된다.

뛰어난 리더로서 재평가받고 있는 사람 가운데 한 명이 어니스트 섀클턴 경이다. 1914년 8월 그는 스물일곱 명의 대원을 이끌고 인듀어런스 호에 몸을 싣고 남극 탐험에 나섰다. 그러나 나무로 제작된 배는 얼음에 갇혀 난파되었고 그때부터 상상을 초월한 귀환전쟁이 시작되었다. 생존 자체가 힘겹고 극한 상황이었지만 섀클턴은 침착하게 대원들을 지휘하여 수많은 난관을 극복했고 2년 만에 무사히 귀환할 수 있었다.

불가능해 보이는 일을 가능케 한 근본적인 힘은 그의 자신감 넘치는 리더십이었다. 하지만 그것은 혼자만의 자신감이 아니라 대원들의 것이기도 했다. 섀클턴에게 반드시 살아서 돌아갈 수 있다는 믿음이 없었더라면 그를 따르던 대원들은 뿔뿔이 흩어져 남극의 얼음 속에 갇혀 생을 마감했을지도 모른다.

섀클턴 같은 리더십을 가진 사람을 흔히 '슈퍼 리더'라고 한다. 그들은 구성원의 개인적인 능력이 합해질 때 생기는 힘이 얼마나 큰지 알기 때문에 적극적으로 인재를 영입하고 육성하는 조직문화를 만든다. 그런 리더는 조직원들 각자가 주인이고 리더라는 생각을 갖도록 만든다. 그럴 때 생기는 것이 '슈퍼 리더십'이라는 힘이다. 슈퍼 리더는 구성원 개개인들이 자기 자신을 리드할 수 있는 셀프 리더가 될 수 있는 환경을 만드는 안목 있는 사람이다.

능력이 있어 보이는 사람과 능력 없는 사람, 지금은 없어 보이지만 그 내면에 능력이 잠재된 사람을 구분하기 것은 쉬운 일이 아니다. 따라서 리더는 인재의 확보가 아니라 양성에 승부를 걸어야 한다. 인간은 환경에 좌우되는 동물이기 때문에 새로운 환경이 주어지기 전까지는 그 사람에게 어떤 재능이 있는지 정확히 알아내기 어렵기 때문이다.

성공하기 전에 만났던 사람을 성공한 뒤에 다시 만나 보면 예전과 많이 달라진 것들이 눈에 띈다. 경제적으로 풍요로워지면서 마음의 여유가 생겼겠지만 가장 큰 변화는 바로 리더십이다. 예전에는 사람들 앞에 나서는 걸 싫어했던 사람도 성공하고 나면 앞장서는 것을 주저하지 않는다. 이는 내면에 잠들어 있던 리더십이 깨어났기 때문에 가능한 일이다.

훌륭한 리더가 되는 데 지식이 부족하다고 생각한다면 공부에 주력하면 되고, 리더로서의 경험은 이제부터 쌓으면 된다. 중요한 것은 책임감과 개인의 이익보다는 전체의 이익을 생각하는 배려, 그리고 희생정신이다. 당신은 얼마든지 슈퍼리더가 될 수 있는 사람이다.

자신의 몸을 스스로 다스리는 것도 일종의 리더십이다. 자신의 생각을 다스릴 줄 아는 사람이 올바른 사고도 할 수 있다. 자기 몸에 붙어 있는 손 하나에도 리더십을 발휘하지 못하면 손은 남을 해치는 흉기로 쓰일 수밖에 없다. 남의 것을 훔치는 손버릇도 알고 보면 자기 손을 제대로 다스리지 못하는 데서 비롯된 것이다. 자기의 입 하나를 다스리지 못하는 사람은 감당할 수 없는 문제만 만든다. 보아야 할 것과 보지 말아야 할 것을 분별하는 것도 눈을 다스리는 리더십이 있어야 가능한 일이다. 이렇게 자신의 몸 하나하나에도 리더십이 필요하다는 사실을 잊지 말자.

세계의 언어를 공부하라

성공하는 사람은 건강, 돈, 인맥 등 가지고 있는 것들이 참으로 많다. 그러나 가장 중요한 것은 눈에 보이지 않은 '재능'이며, 그것을 키우기 위해 노력하는 자세이다.

세계화와 국제화를 부르짖는 현대사회에서 자유롭게 활동할 수 있는 첫 번째 길은 우선 능통한 외국어이다. 의사소통이 되지 않으면 무역이나 관계를 개선하기에 무리가 따른다. 외국어를 잘하면 상대방의 문화와 정보, 그리고 변화를 곧바로 알 수 있고 직접 느낄 수도 있다. 중간에 통역을 세운다고 하더라도 전달되는 의미나 느낌에 차이가 있을 뿐만 아니라, 경우에 따라서는 뜻이 왜곡되거나 잘못 전달될 수도 있다. 외국에 나가서 그 나라 말을 제대로 하지 못하면 아무리 의욕과 의지가 있어도 소외되고 자신감을 잃게 된다.

외국어의 첫걸음은 단어 암기이다. 단어 외우기는 혼자만의 외로운 싸움이며, 하루아침에 외워지는 것도 아니다. 목표를 정하고 꾸준히 노력해야 한다. 하루 몇 개씩이라도 꾸준히 외워보겠다는 목표 설정이 우선이다. 그리고 메모지에 그것을 옮겨 쓴 후, 시간이 날 때마다 읽어보자. 혼자 있을 때는 소리를 내서 읽는다. 틈나는 대로 보면 하루에 20여 번 이상의 기회가 생긴다.

결국 그 단어들은 실천과의 싸움에서 패배를 인정하고 기억 속에 포로가 될 것이다. 그렇게 외운 단어라고 해도 실제로 그 단어가 어떻게 발음되고 문장 안에서 어떤 의미로 쓰이는지 직접 들어봐야 한다. 귀로 듣고 이해하면 말하는 것도 쉬워진다. 외국어를 잘하기 위해서는 우선 듣기에 익숙해져야 하기 때문이다. 휴대전화를 이용하면 언제 어디서나 가능하며, 특히 요즘은 텔레비전이 훌륭한 학습서 이상의 역할을 한다.

길에서 외국인을 만나면 겁낼 필요가 없다. 어떤 단어를 문법에 맞게 써야 할 것인지 고민할 필요도 없다. 어차피 상대방도 문법대로 말하지 않는다. 상대방과의 말하기 승부에

ABC

서 패배자가 되어도 상관없다는 각오로 부딪쳐야 한다. 죽기 아니면 살기로 외국어를 꾸준히 익히는 수밖에 없다. 외국어를 구사하지 못하면 시대에 뒤떨어질 수밖에 없고 국제사회와의 원활한 소통이 불가능해진다.

심리학의 선구자인 프로이트는 라틴어, 그리스어, 프랑스어, 독일어를 전혀 불편 없이 사용했고, 유대의 율법학자인 마빈 토케이어도 영어, 히브리어, 스페인어, 아르메니아어, 독일어를 능통하게 구사할 줄 알았다. 이는 외국어에 능통하면 사고의 범위도 훨씬 넓어질 뿐만 아니라, 여러 학문을 더욱 깊이 있게 연구할 수 있다는 것을 보여주는 좋은 예이다. 이렇듯 당신의 사고영역을 넓힌다는 생각으로 외국어에 도전해보자.

이제 갓 걸음마를 뗀 꼬마들이 원어민 이상의 발음을 구사하는 것을 보고 있노라면 신기할 때가 한두 번이 아니다. 고학력시대이자 너도 나도 외국어 배우기에 시간과 돈을 투자하고 있는 때라 오히려 관심이 없거나 영어 한 마디 못하는 사람이 외계인 취급을 받는 것이 요즘 현실이다. 필자는 조기 영어교육에 반대하지 않는다. 단, 철저한 한국어 교육을 우선시 한다는 전제가 따라야 한다. 글로벌시대에는 내 것만 고집해도, 또 남의 것만 고집해도 훌륭한 리더가 될 수 없다. 둘의 조화가 무엇보다 중요하며 그것의 주춧돌은 늘 한국적인 것이 되어야 한다.

모양도, 빛깔도, 냄새도 없는 재산

유대인들은 오랫동안 박해를 받아왔다. 2천여 년 전, 도시가 불타고 재산을 빼앗긴 채 국외로 추방되는 수모를 겪기도 했다. 이런 민족사 때문에 유대인의 어머니들은 아이들을 교육시키면서 반드시 다음과 같은 질문을 했다고 한다.

"만일 네 집이 불타고 재산을 모두 빼앗기면 무엇을 가지고 달아나겠느냐?"

그때 아이들이 돈이나 다이아몬드처럼 물질적인 것을 가지고 간다고 대답하면 어머니는 사랑하는 아이의 머리를 쓰다듬으며 이렇게 말한다.

"그것은 모양도, 빛깔도, 냄새도 없는 거란다."

어머니가 이 질문을 통해서 자녀에게 가르치고자 했던 것은 바로 '지식'의 중요성이다. 어떤 사람이나 국가도 다른 사람이 가진 지식을 빼앗아 올 수 없다. 지식이란 그 사람이 죽을 때 비로소 사라지는 영원한 무형의 재산이기 때문이다.

유대인들은 살림이 너무 궁색해서 물건을 팔아야 한다면 제일 먼저 금, 보석, 집, 땅을 팔고, 그러고도 부족하면 마지막에 책을 판다고 한다.

1736년 리트비아에 있는 유대인 사회에서는 책을 빌려주지 않는 사람에게 벌금형을 내렸다. 또한 책을 침대의 발치에 두어서도 안 되며, 책이나 책장을 머리 부근에 두는 것은 아직도 오랜 관습으로 남아 있다. 일반적으로 사람들은 왕이나 귀족, 군인, 부호들을 존경한다. 그러나 유대인 사회에서 최고의 존경을 받는 사람은 지성인이다. 학문을 연구하고 율법을 가르치는 선생, 즉 랍비를 최고 존경의 대상으로 여긴다.

우리나라 속담에 "벼는 익을수록 고개를 숙인다"는 말이 있다. 사람은 많이 배우고 또 많이 알수록 겸손해야 한다. 겸손한 자의 지식은 그 사람을 존귀하게 만들어주고 삶을 기름지게 해준다. 돈이나 재산은 쉽게 없어지기도 하지만, 풍부한 지식은 마치 샘물과 같아서 아무리 길어도 마르지 않는다.

이처럼 지식은 삶에 활력을 제공해준다. "아는 것이 힘이

다”라는 프란시스 베이컨의 말처럼 지식은 세상을 살아가는
데 있어 힘이 되고 삶의 가치를 높여주며 활동의 영역도 넓혀
준다.

배움은 무덤에까지 계속되어야 한다. 요즘 평생교육이니
전인교육이니 하는 말을 많이 사용한다. 얼마 전까지만 해도
교육은 학교에서 하는 것이고, ‘배움’ 이란 학교의 졸업과 함
께 끝나는 것으로 인식되어 왔다. 그러나 진정한 배움은 평생
계속되어야 한다.

배움을 중단하는 사람은 아름다운 삶을 포기하는 것과 같
다. 진정 자기 분야에서 성공하기를 원한다면 배움이라는 끈
을 놓지 말아야 한다. 남의 힘을 빌리는 것은 잠깐은 가능하
지만 영원히 그렇게 할 수 없다. 배움이란 사람을 고상하게
만들어주며, 사고를 젊고 참신하게 해줌으로써 육체적인 건
강에도 아주 유익하다. 교육과 배움이 중단된 사회는 발전이
있을 수 없고 삭막한 사막과 다를 바 없다.

유대인들은 배움이란 "달고 맛있는 것"이라고 생각한다. 어느 학교에서는 실제로 선생님의 손에 꿀을 묻혀 알파벳을 쓰거나 알파벳 모양으로 만든 과자를 나누어 주기도 한다고 한다. 이는 알파벳을 처음 배우는 아이들에게 배움이란 달고 맛있다는 것을 가르치기 위한 교육프로그램이라고 한다. 이 세상에 배움처럼 달콤하고 향기로운 것은 없다.

몰입은 지금 이 순간에 전념하는 기술이다

무슨 일을 할 때마다 몰입하여 즐기면 성공할 확률이 높아진다고 한다. 반대로 몰입하지 않고 스트레스를 받으며 억지로 하면 실패할 확률도 커진다. 자신이 좋아하는 일에는 쉽게 몰입하지만, 싫어하는 일에는 쉽게 빠져들지 못한다. 한평생을 살아가는 동안 '좋아하는 일' 보다는 '싫어하는 일' 이 더 많다고 하는데, 그러면 우리는 매일 스트레스와 싸워야 할까?

날마다 하는 일을 좋아할 수 있다면 그 사람은 매일 행복한 나날을 맞이할 수 있다. 일을 즐기며 할 수 있다면 그것은 몰입이 준 최고의 선물이다. 하지만 앞서 말했듯이 좋아하는 일에만 몰입한다고 해서 항상 행복할 수 없다. 싫어하는 일이라도 성공에 보탬이 되는 일이라면 좋아하는 일보다 더 몰입하기 위해 노력해야 한다. 모든 일에 몰입하는 정신과 성공지수가 비례한다는 것을 알고 실천하는 사람이 행복지수를 올릴 수 있다.

사람은 동시에 두 가지 일을 할 수 없다. 입에 밥을 한가득 넣고 대화하기란 불가능하며, 자면서 손으로 뜨개질을 할 수도 없다. 한 가지에 몰입하여 일을 하다가 다른 생각이 떠오르면 그 순간 무엇이 더 중요한지 우선순위를 정하고, 중요한 것이 아니라면 때로 여유를 가져야 몰입이 가능하다.

특히 잡념이 끼어들면 몰입이 잘 안 된다. 그럴 때는 지금 몰입해야 하는 문제의 끈이 기억 속에서 사라지지 않도록 단단히 붙잡아야 한다. 그리고 지금 하고 있는 일이 만약 보고서 작성이라면 "보고서! 보고서!" 하고 입으로 외쳐야 한다. 그래야 잡념이 사라진다.

몰입은 지금 이 순간에 전념하는 기술이다. 예를 들어 책을 읽을 때는 한 자, 한 자에 전념해야 한다. 마음이 다음 글자에 가 있어서는 안 된다. 지금 읽는 페이지에 몰입하지 못하고 다음 페이지에 마음이 가 있다는 것은, 이 순간에 집중하지 못하고 미래에서 헤매고 있는 것과 같다. 오직 지금 이 순간에 집중해야 책을 효과적으로 정복할 수 있다. 자꾸 다음

페이지에 마음이 가면 반복해서 아무리 읽어도 이해가 잘 안되고 기억도 나지 않는다. 항상 정신을 모아서 지금의 시간을 위해 최선을 다해야 한다.

책을 읽으면서 분량에 압도당하거나 시간에 쫓기면 마음이 조급해져서 아무리 읽어도 이해가 안 되고, 한 번 보면 될 것을 두세 번 봐야 하는 상황이 벌어진다. 천천히 가는 것이 오히려 빨리 가는 지름길이다. 몰입을 통해 슈퍼의식을 각성하여 즐겁고 활기차게 읽어보자! 근심이나 조급함으로 스트레스에 빠져 책을 읽으면 끝내 이해되지 않는다는 사실을 명심해야 한다.

성공하는 사람이 되기 위해서는 항상 몰입을 통해 부정적인 습관을 없애야 한다. 지금 하고 있는 일에 방해거리가 나타나면 보통 사람들은 심하게 요동치기 시작한다. 일에 방해되는 생각은 우리의 진보를 막는 부정적인 생각이다. 이런 생각들은 대개 자극적이기 때문에 지금 하는 일보다 훨씬 유혹적이다. 우리는 곧잘 그 유혹에 넘어가게 되는데, 그 상태를 방치하면 다시 돌아오기 힘든 지경에 빠지고 만다. 그래서 몰입은 정신력의 싸움터이기도 하다. 부정적인 것에 몰입하면 부정이 쌓이지만, 긍정적인 것에 몰입하면 긍정적인 것이 쌓인다. 부정적인 습관을 버리고 긍정적인 습관을 길러야 한다.

진보가 없는 하루는 퇴보했다는 증거이며, 잠깐의 방심은 공든 탑을 무너지게 한다. 당신이 지금 이 책을 읽는 순간에도 몰입에서 벗어나지 않도록 최선을 다하기 바란다.

물이 가득 채워진 병과 텅 비어 있는 병을 동시에 물속에 넣으면 어떤 현상이 일어날까? 빈병 속으로는 물이 물 밀듯이 들어가지만, 속이 꽉 찬 병으로는 물이 들어가지 못한다. 이미 가득 채워져 있어 새로운 것이 들어갈 틈이 없기 때문이다.

이런 원리를 이용해 마음을 관리해보는 것은 어떨까? 어떤 대상에 집중하지 못하는 마음에는 온갖 잡념들이 물 밀듯이 쳐들어온다. 반면에 한 가지 대상에 단단히 집중한 마음, 한 가지 주제에 대한 생각이 끊이지 않는 마음에는 어떠한 잡념도 침범하지 못한다. 이미 하나의 생각으로 속이 꽉 채워져 있기 때문이다. 어떠한 잡념의 방해도 받지 않고 내가 원하는 생각만을 기분 좋게 유지할 수 있다면, 당신의 인생도 충분히 달라질 수 있다.

Chapter 05

성공을 부르는 1% 습관 보고서

"모든 것은 변한다"라는 말은 영원히 변하지 않는 진리이다. 당신이 맞이하고 있는 수 많은 변화의 물결 속에서 당신은 안전한가? 성공하고 싶다면 안정을 포기하고 일어나 그 물결에 합류해야 한다. 세상은 변화하는 자의 편에 서 있다.

남들과 똑같이 살지 마라

보통 사람들은 남이 잘 때 자고 일할 때 일하고, 남이 공부할 때 공부하고 놀 때도 함께 논다. 그러나 성공하는 사람들은 남 다른 데가 있다. 남이 공부할 때 공부하고 남이 잘 때에도 일어나 공부한다. 점심시간에도 남보다 10분 먼저 가면 식당에서 대우를 받는다. 그러나 남들처럼 똑같은 시간에 가면 줄을 서서 기다려야 한다.

많은 사람들이 다른 누군가처럼 되기 위해 노력한다. 다른 사람의 생각이나 행동을 마치 자기 것처럼 흉내 내느라 바빠 줏대 없는 삶을 사는 것이다. 또 겉으로만 번지르르하고 속 빈 강정처럼 사느라 나만의 목표, 개성, 그리고 아이디어들의 독창성을 희생시킨다.

신은 모든 사람에게 특별한 재능을 준다. 그런데 성공하는 사람은 자신의 재능을 알고 그것을 열심히 키우지만, 실패하는 사람은 신이 준 자기만의 개성을 깨닫기도 전에 좌절하고 만다. 또 어떤 사람은 성공한 사람들의 뒤꽁무니를 따라다니며 남들의 개성을 내 것으로 만들려다 시간만 낭비한다.

상도동에 작은 청국장 전문집이 있다. 그 식당은 손님이 30여 명이면 꽉 찰 정도로 규모가 작기 때문에, 점심때만 되면 인산인해를 이룬다. 그래서 추운 겨울에도 식당 앞에서 30분을 기다리는 것도 다반사이다. 왜 그럴까? 다른 청국장 전문 식당과 다른 점이 있기 때문이다. 우선 그 식당에 들어서면 눈에 띄는 작은 액자가 걸려 있다.

"남과 같이 해서는 남다를 수 없다."

그 식당은 분명 청국장을 전문으로 하는 식당이다. 그런데 청국장을 시키면 가스불에 얹은 돼지고기 두루치기 볶음이 덤으로 나온다. 반찬도 청국장을 먹기 위한 것보다 덤으로 나온 두루치기를 위한 것이 더 많다. 상추, 깻잎, 풋고추 그리고 배추 속이 먹음직스럽게 나오고, 함께 먹을 쌈장도 일품이다. 청국장을 시켰는지 두루치기를 시켰는지 모를 정도이다. 처음 그 식당에 갔을 때 나온 음식을 보고 주인을 불러 물은

적이 있다.

"음식이 잘못 나온 것 같습니다. 저는 두루치기를 시키지 않았는데요?"

그때 주인이 말했다.

"청국장 시키신 거 알고 있습니다. 두루치기는 그냥 덤으로 드리는 것입니다. 맛있게 드시면 됩니다."

그 식당이 잘 되는 비결이 여기에 있었다. 남 다른 것이 있기 때문이다. 평범한 사람의 생각으로는 청국장만 주면 그만인데, 왜 두루치기까지 주는지 의문이 간다. 그래도 남는 장사일까? 5,000원으로 청국장은 물론 돼지고기 두루치기까지 먹을 수 있는 남다른 식당, 그곳에서 식사를 하면 왠지 나까지 남다른 사람이 되는 기분이다.

"너 자신을 알라"는 말이 있다. 이 말은 너 자신이 모르는 것을 알라는 뜻이다. 바꿔 말하면 네가 잘하고 못하는 것을 알아야 성공할 수 있다는 뜻이다. 필자의 생각이지만 자신의 장단점을 알아야 남들과 다를 수 있고, 남들과 달라야 성공할 수 있지 않을까?

당신에게도 남다른 구석이 있다. 있으면서 없는 것처럼 사는 것은 전적으로 자기 책임이다. 주머니에 돈이 있으면서도 굶어죽는 사람과 무엇이 다르겠는가? 스스로 소리를 높여

외쳐라.

"나도 남다른 데가 있다. 지금부터 그렇게 살리라."

사람은 누구나 자신만의 장점이 있다. 꿈과 야망이 있는 사람일수록 남다른 그 무엇이 있게 마련이다. 요즘 CEO들은 남다른 그 무엇인가를 가진 사람을 선호한다.

모회사에서 직원들에게 지금까지 겪은 경험담이나 자신만의 성공스토리를 발표하라고 하자 대부분의 사람들이 무용담에 가까운 이야기를 거창하게 늘어놓았다. 그런데 유독 한 사람만이 실수를 통해 얻은 극복 노하우를 발표해 많은 박수를 받았다고 한다. 자기만의 경험과 노하우는 다른 사람의 대단한 성공보다 더 값지다는 것을 명심하라.

창의적인 사고를 위한 지침서

 세상은 늘 사람들에게 창의성을 요구한다. 정해진 사고의 틀에서는 새로운 발상이 나오지 않기 때문이다. 아무도 해결할 수 없는 문제를 해결하고, 아무도 생각하지 못했던 아이디어는 창의적인 사고에서 태어한다. 이는 진정한 영감을 요구하며, 어떤 의문과 상황과 가능성에 푹 빠진 상태에서 나올 수 있다.

일본 동부의 한 철도회사가 1998년 동계 올림픽 개최에 맞추어 도쿄와 나가노 사이에 고속 열차의 선로를 건설하기로 했다. 그런데 산을 뚫어 건설한 터널에서 물이 계속 흘러들자, 그 문제를 해결하기 위해 세계 최고의 기술자들을 고용했다. 그들은 곧장 터널 안쪽에 도랑과 터널들 바깥으로 물길

을 돌리기 위한 수로 시스템을 새로 건설할 계획을 세우고 작업에 들어갔다.

그런데 하루는 목이 말랐던 작업자가 갈증을 견디지 못해 터널에 흐르고 있는 물을 마셨는데 물맛이 굉장히 좋았다고 한다. 슈퍼에서 돈을 주고 사온 생수와 비교할 수 없는 맛이었다. 그는 즉시 사장에게 달려가 물의 성분을 조사하여 결과가 좋으면 물을 팔아보자고 제안했다. 사장은 그의 말대로 수질 검사를 의뢰했고, 검사 결과 그 물에는 사람 몸에 좋은 광물질과 미네랄이 풍부하게 들어 있었다고 한다.

이것이 바로 그 유명한 '오시미주 생수'의 탄생신화이다. 그 철도회사는 생수를 판매하는 자회사를 만든 후 각 가정에 배달하여 엄청난 이익을 창출하는 회사로 성장할 수 있었다. 철도회사의 변화는 한 직원의 창의적인 사고에서 비롯된 것이다.

이처럼 문제에 대한 창조적인 해결은 생각하지도 못한 곳에서 발견될 수 있다는 사실을 잊지 말자.

흔들리고 있다면 이렇게 외쳐라.

❶ 나는 멋있는 사람이다. 이 넓은 세상에서 유일한 사람이다.

❷ 나는 최선을 다할 수 있는 사람이다.

❸ 나도 실수할 수 있다.

❹ 나는 잠재력과 창의성을 100퍼센트 발휘할 수 있다.

❺ 불평불만하지 마라

❻ 기쁜 일이 있으면 마음껏 기뻐하라.

❼ 지나간 일을 후회하지 마라. 황금 같은 시간을 낭비하는 것이다.

세상에 공짜 경험은 없다

누구나 원하는 특정 분야에서 일정 수준까지 도달할 수 있는 능력이 있다는 믿음이 있어야 한다. 이 믿음이 바로 당신을 원하는 곳으로 안내해줄 인도자이다. 물론 한 분야의 대가가 된다는 것은 쉬운 일이 아니다. 천부적인 재능을 가진 사람은 후천적인 노력보다는 창조주로부터 선천적으로 부여받은 일종의 프리미엄이 더해졌기에 최고의 자리에 오를 수 있었던 것이다. 그러나 당신이 도달하고자 하는 목표점은 타고난 능력보다는 노력을 통해서 얻을 수 있다.

당신이 원하는 결과는 하루아침에 생기는 것이 아니다. 그만큼 시간을 투자해야 한다. 당신이 꿈꾸는 분야로 들어갈 수 있는 첫 번째 기회는 지금 있는 곳에서 최선을 다할 때 생긴다. 그 일 자체가 당신이 원하는 일이 아닐 수도 있다. 장소 또한 마음에 들지 않을지도 모른다. 공장에서 하루 종일 똑같은 일을 반복하는 작은 기계의 부품 같다는 생각이 들지도 모른다.

그러나 바로 그곳에서 더 좋은 아이디어를 창출할 수 있는 기회가 있다고 생각하라. 미래의 성공적인 나를 만들기 위해서 일정한 대가를 받으면서 경영자 수업을 받고 있다고 생각해보자. 인내는 쓰지만 결국 단맛을 준다고 하지 않는가?

한 젊은이가 중학교 때부터 새벽 일찍 일어나 신문을 돌렸다. 그 덕분에 그는 아침형 인간이 되는 반사이익을 얻었다. 대학생이 되어서도 방학만 되면 어떤 일이라도 마다하지 않고 했다. 중소업체에서 사무보조 업무를 하면서 회계업무에 대해 배웠고, 공사현장에서는 미장일을, 카센터에서 자동차 수리하는 법을 배울 수 있었다. 군대에 가서는 그동안 배워둔 회계업무 덕분에 근무하기 좋은 곳에서 일할 수 있었다. 사회인이 되어 차를 구입한 뒤에도 차를 다루는 솜씨가 남달랐다.

일을 배울 때마다 그는 생각했다.

"돈을 받으면서 경험을 쌓을 수 있는 것은 분명 하늘이 내

려준 좋은 기회다. 옛날에는 밥만 먹어도 여한 없이 일을 배웠지만, 지금은 돈을 받으면서 경험을 쌓을 수 있으니 얼마나 신나는 일인가?”

요즘 회사마다 인턴제도라는 것을 두고 있다. 숙련된 사람을 만들기 위해서 경험을 쌓게 하는 시간이다. 닥치는 대로 무엇이든지 하는 사람이 많은 경험을 쌓을 수 있다. 또 보통 사람보다 더 빨리 일자리를 찾을 수 있고 더 빨리 능력을 인정받을 수 있다. 그들에는 저력이 있기 때문이다.

찬밥 더운 밥 가리는 것은 나이가 들어서 해도 늦지 않다. 경험할 수 있다면 두려워하지 말고 맞서라. 기회는 머리만 있고 꼬리는 없기 때문에 올 때 붙잡아야 한다는 것을 잊지 말자.

이 세상은 성공할 확률보다 실패할 확률이 훨씬 높다. 그러므로 성공하는 사람이 되려면 우선 실패하는 연습이 필요하다. 사소한 실패의 경험은 열 번의 성공보다 값지며 더 행복한 미래를 보장해준다. 당신이 지금 한 발자국이라도 걸을 수 있는 것은 넘어져봤기 때문이다. 세상이라는 어둠 속에서 당신의 앞날을 밝혀줄 빛은 단 하나, 경험이다.

레오나르도 다빈치는 "모든 경험은 하나의 아침, 그것을 통해 미지의 세계는 밝아온다. 경험을 쌓아올린 사람은 점쟁이보다 더 많은 것을 알고 있다. 경험이 쌓일수록 말수가 적어지고 슬기를 깨우칠수록 감정을 억제할 수 있는 힘이 생긴다. 경험이 토대가 되지 않은 사색가의 교훈은 허무한 것이다"라고 말했다. 말로만 떠드는 무용담을 접고 직접 경험하라! 단, 세상에 공짜 경험은 없다.

일하는 습관 vs 휴식하는 습관

습관이 곧 천성이 된다고 한다. 타고난 천성처럼 매일같이 반복하는 일이 많다. 아침에 일어나서 세수하고, 양치질하고, 옷을 입고, 신문을 보고, 식사를 하고, 출근을 위해 구두를 신는다. 이렇게 의식적인 행동이든 무의식적인 생각이든 일상의 90퍼센트는 습관을 바탕으로 한 행동들이다. 이렇게 습관은 우리의 삶을 지배하므로 성공하기 위해서는 반드시 좋은 습관을 길러야 한다.

같은 교실에서 같은 선생님과 똑같이 공부하는데도 누구는 100점을 받고 누구는 50점을 받는다. 그럴 경우 보통은 100점 받은 학생은 똑똑하고 50점 받은 학생은 머리가 나쁘다고 생각한다. 그러나 과연 점수 차이를 결정짓는 것이 지능뿐일까? 전문가들은 예습하는 습관, 필기하는 습관, 복습하는 습관 등 공부하는 습관의 차이가 타고난 지능을 뛰어넘는다고 말한다. 그들은 성공한 사람과 그렇지 않은 사람의 차이는 지능이나 능력이 아니라 습관이 더 크게 좌우한다고 입을 모은다. 좌절과 실패에도 불구하고 끊임없이 노력하는 습관이야말로 성공하는 사람들의 특별한 자산이다.

그런 습관이 당신에게 있다면 당신은 이미 성공을 향해 가고 있다는 증거이다. 시작이 반이라고 했다. 이미 절반은 성공한 사람이라고 할 수 있다. 그러나 쉼 없이 노력하는 습관이 없다면 무엇을 시작해야 할까? 일기나 인생노트에 당신에게 가장 문제가 되는 것이 무엇인가를 써보도록 하자. 하나씩 써본다. 예를 들어 "나는 게으르다", "나는 아침잠이 많다", "나는 책을 읽지 않는 편이다", "내 주변에는 사람이 적은 편이다" 등이 있을 수 있다.

나쁜 습관은 버리라고 있는 것이 아니다. 좋은 습관으로 바꿔 내 것으로 만들어야 한다. 새로운 습관을 뚜렷한 목적의식을 갖고 선택하는 것이 나쁜 습관을 고치는 확실한 방법이다. 성공을 꿈꾸는 사람은 못하는 것을 잘하기 위해 꾸준히 노력하고 훈련한다. 훈련이 습관이 되면 능력이 된다. 잘못된

습관을 좋은 습관으로 바꾸는 데 걸리는 시간은 보통 7~8개월, 길게는 몇 년씩 걸린다. 무슨 일이든 자신을 바꾸기 위해서는 끈기를 가지고 노력해야 한다.

불현듯 머리를 스치고 지나가는 아이디어를 잘 기억해뒀다가 실천해서 큰 성공을 이룬 사람들은 항상 손에서 메모지를 놓지 않는다. 메모하는 습관을 들이면 짧은 순간이지만 번뜩이는 아이디어가 떠올랐을 때 그것을 온전히 자신의 것으로 만들 수 있다.

아침에 일찍 일어나는 사람을 아침형 인간이라고 한다. 사람마다 타고난 체질이나 생활환경에 따라서 다르지만, 일반적으로 아침형 인간이 시간을 쓰는 데 있어서 더 효율적이라고 한다. 그들은 남보다 하루를 일찍 시작한다. 아침도 든든하게 챙겨 먹고 옷차림에도 신경을 쓸 수 있다. 무엇보다 러시아워에 시달리지 않을 수 있어 맑은 정신으로 근무를 시작하기 때문에 일의 능률도 올라간다. 일찍 일어난 직후 한두 시간은 아무에게도 방해받지 않는다. 오늘 하루의 계획을 세우고 차분히 명상에 잠기는 그 시간이 얼마나 귀중한지 일찍 일어나는 사람은 알 것이다.

그 다음에 점검할 일은 지금 나 자신을 보면서 스스로 만족하고 있는가를 반성해야 한다. 아침에 일어나면 "나는 오늘 무엇을 해야 하는가?”, “가장 먼저 해야 할 일은 무엇인가?”, “오늘 해야 할 일들이 5년 후의 나를 위해서 꼭 필요한 일인가?”를 점검하는 습관을 가져보자. 그리고 저녁 잠자리에 들 때는 어김없이 오늘 하루가 보람찼는지 점검해본다. 그렇지 않았다면 그 원인에 대해서 반성하는 시간을 가져보자. 주어진 일만 하는 사람과 늘 새로운 것을 찾아서 하는 사람은 분명 차이가 난다.

현재 직급이 낮고 보잘것없는 일을 하더라도 한 단계 높은 일을 위해 준비하는 사람은 불시에 다가오는 기회를 절대 놓치지 않는다. 그러나 현재 일에 안주하고 게으름을 피우는 사람은 기회가 오더라도 넋 놓고 바라볼 수밖에 없다. 습관이 자리를 잡는다면 당신의 하루하루가 모여 변화의 힘이 무엇인지 확실히 보여줄 것이다.

열심히 살아야 한다고 해서 쉼 없이 정신과 몸을 움직여야 한다고 생각하는 사람이 있다. 그러나 휴식의 중요성을 알지 못하고 일에만 빠져 사는 사람은 마음에 여유가 없다. 일에서 완전히 벗어나 아무것도 하지 않고 온전히 쉬어본 적이 있는가? 사람의 몸과 정신의 용량은 한정되어 있다. 너무 많은 일로 몸을 채우면 감당하지 못하여 말썽을 일으킨다. 또 너무 많은 정보와 생각으로 정신을 채우면 역시 과부하에 걸려 마비된다. 잘 쉴 줄 아는 사람이 일도 잘하고, 적당히 비우며 살아야 몸과 정신도 원활하게 돌아간다. 버린다는 것은 '쉼'을 뜻한다. 끊임없이 아이디어를 찾아야 하는 사람에게 휴식이란 새로운 계획을 찾을 수 있는 기회이다. 휴식과 여가를 통해 색다른 생각을 키우고 자기계발에 힘써 나의 경쟁력을 키워 보자.

사람들 앞에서 자신을 부각시켜라

많은 사람들이 회의를 하거나 토론을 할 때 머뭇거린다. 물론 여러 사람과 조화를 이루며 살아가는 사회에서 자신의 주장을 피력하거나 어떤 행동을 결정할 때, 다른 사람의 생각이나 반응을 고려하는 것은 당연한 일이다. 그러나 회의를 시작하고 나서 제일 먼저 자신의 의견을 개진하면 준비된 사람이라는 이미지로 남을 수 있다. 남의 말을 듣고 난 후에 말하기보다는 다른 사람들이 나의 말을 듣고 말하도록 해야 리더가 될 수 있다.

대부분의 사람들은 회의를 할 때 처음에 나서는 것을 꺼린다. 개척하고 도전하는 정신보다는 이미 남들이 지나간 길을 그대로 답습해서 따라가는 것이 도리라고 생각하는 모양이다. 그들은 대개 자기 자신보다는 남을 의식하는 마음이 강하며, 다른 사람들의 기준에 자신의 행동을 맞추려고 애쓴다. 왜 그러는 것일까? 조직 내의 분위기를 망치거나 풍파를 일으키는 태풍의 주인공이 되고 싶지 않기 때문이다.

일반적으로 사람들이 회의를 하거나 어떤 문제를 두고 모여서 열띤 토론을 할 때 앞장서서 행동하지 못하는 이유는 두려움 때문이다. 이것은 불안에서 비롯된다. 예를 들어 회의 시간에 자기 생각을 발표했을 때 사람들이 어떻게 반응할지 몰라 불안해하는 '기대 불안'이 적극적인 행동을 방해한다. '기대 불안'이란 아직 일어나지 않은 일을 미리 걱정하는 것을 말한다.

'다른 사람들이 나를 어떻게 생각할까? 혹시 나를 바보 같다고 비웃지 않을까? 내 생각을 분명하고 똑똑하게 잘 전달할 수 있을까?'

온갖 걱정을 하느라 정작 중요한 것을 놓치는 경우가 허다하다. 사실 현대인들이 가장 두려워하는 것은 다른 사람으로부터 인정받지 못하는 자신의 모습을 보는 것이다. 이러한 두려움과 불안한 태도는 회피냐, 극복이냐 하는 상반된 행동으로 나타난다. 문제에 부딪치면 도망부터 가고 싶은 것이 사람 마음이다.

그러나 피하는 것은 결과적으로 좌절감이나 우울증, 열등 감만을 초래할 뿐 진정한 해결책이 아니다. 세상을 살아가면 서 실수를 전혀 하지 않고 사람들의 비판으로부터 완전히 자 유로울 수는 없다. 그러므로 자기 안에 자리 잡은 "나는 언제 나 잘해야 해! 모든 사람에게 꼭 인정받아야 해!"와 같은 자신 을 힘들게 만드는 생각에서 빨리 벗어나야 한다.

회의나 모임에서 의견을 나눌 기회가 생기면, 용기를 내 서 제일 먼저 손을 들고 의견을 발표해보는 것이 가장 좋은 방법이다. 일단 그렇게 한번 일을 저지르고 나면 다음부터는 자신의 생각을 표현하는 일이 훨씬 쉬워진다. 다른 사람들이 뭐라고 말하는지 알아보려고 기다릴 필요도 없다. 계속해서 다른 사람의 의견에만 끌려가다 보면 남다른 자신만의 의견 을 내세울 수 있는 기회가 점점 줄어들 것이다. 실패를 경험 해보지 않은 사람은 성공할 수 없다. 가지 않고 후회하지 말 고 제자리에 돌아오더라도 일단 시도를 해보고 후회하는 것 이 낫다. 힘들더라도 끊임없이 시도하는 훈련을 계속하면 어 느 때고 극복의 순간이 올 것이다.

사람들이 자신의 목소리에 귀를 기울이지 않는다는 생각 에 마음이 움츠러든다면 자신의 목소리나 태도에 문제가 없 는지 살펴보자. 자신의 생각이나 느낌을 말하지 않으면 이 순간도 과거로 흘러갈 뿐이란 사실을 명심하라. 하고 싶을 때 하지 못하면 불만만 쌓이고, 그러다 보면 사람들과 잘 어울리지 못한다. 말하지 않는데 사람들이 내 생각을 알아줄 리 없지 않은가? "내 생각을 말할걸……" 하며 또 한숨만 쉴 것인가? 다른 사람이 내 생각과 아이디어에 귀를 기울이지 않으면 인간적으로 존중하지 않는 것이라고 생각한다.

이것이 바로 열등감이다. 자신의 생각을 말했을 때 동조자가 없으면 낙심하며 분통을 터트리는 경우가 허다하다.

당신의 머릿속에는 빛나는 말과 아무도 생각해내지 못하는 아이디어가 샘솟고 있다. 그것을 밖으로 꺼내서 만천하에 공개해보자. 말하지 못하는 생각은 투명한 유리함에 갇힌 박제일 뿐이다.

다른 사람들에게 인정받고 '성공'이라는 단계에 올라섰지만, 늘 부족하다는 생각에 몸부림치는 사람들이 있다. 그러나 욕심이 과하면 화를 부른다고 했다. 다른 사람에게 자신의 생각을 지나치게 강요하면 주위 사람들은 떠나게 되어 있다. 이렇게 잔소리, 고함, 억지는 다른 사람들로부터 자신을 더욱 멀어지게 한다. 세계적으로 리더십을 인정받은 사람들의 자서전을 보면 진정한 지도력이란 지배와 통제가 아니라, 섬기는 것이라고 나와 있다.

시간을 도둑맞지 않는 방법

노벨상을 휩쓴 유대인들의 교육 지침 중에 "몸을 쓰지 말고 머리를 써라"라는 말이 있다. 내일 당장 인생이 끝난다는 통보를 받은 사람은 오늘 시간을 어떻게 살아갈 것인가? 인생의 마지막 하루라고 생각하면 아주 짧은 시간도 헛되이 보내지 않기 위해 몰입하고 보람된 시간을 보내기 위해 노력할 것이다.

우리는 간혹 값진 하루를 쓸데없는 잡담이나 바보상자 앞에서 보내기 일쑤이다. 삶에 별 유익함이 없는 연속극을 보면서 다람쥐 쳇바퀴 같은 일상을 보낸다면 그 사람은 황금 같은 시간을 쓰레기통에 버리면서 살아가는 어리석은 사람이다. 성공하는 사람이 되려면 한순간이라도 헛되이 보내지 않기

위해 시간을 효과적으로 사용할 줄 알아야 한다. 똑같은 재료로 음식을 만들어도 그 맛이 모두 제각각이듯, 24시간이라는 고유의 시간을 살아도 할 수 있는 일과 질은 현저히 다르다. 시간을 관리하는 방법에 대해 알아보자.

"구체적인 시간 활용 계획을 세워라."

누구에게나 일 년, 한 달, 하루 등 똑같은 시간이 주어진다. 따라서 각각의 단위에 맞는 시간 계획을 세워야 한다. 하루를 시작하기 전에 시간을 어떻게 사용할 것인지를 계획하고, 마찬가지로 한 주, 한 달, 한 해를 시작할 때도 시간 사용에 대한 구체적인 계획을 세워야 한다. 5년 후의 자기 모습을 그려보고, 그것을 위해서 내가 오늘 무엇을 해야 할 것인지 아는 사람이 성공할 수 있다.

"내가 만든 계획과 함께 춤추듯 살아라."

시간을 활용하기 위한 계획서은 살아가는 데 철칙이자, 내 인생을 성공으로 이끌어가는 파트너이다. 해야 할 일이 정해지면 완벽주의에 가까운 사람처럼 철저하게 그것을 향해 몰입하는 자세로 시간과 친구가 되어야 한다. 정해진 시간과 함께 춤을 추는 것처럼 신바람 나게 보내면 된다. 춤을 추는 사람은 시간이 더디게 간다고 불평하지 않고, 계획대로 살아가는 사람은 순간을 이길 수 있다. 그 순간의 조각들이 모여

서 한 시간이 되고 하루가 되며, 한 걸음 더 성공의 길로 다가
설 수 있다.

"주어진 시간을 완전한 내 시간으로 만들어라."

아무리 맛있는 음식이 있어도 먹지 않으면 무슨 소용일
까? 시간도 마찬가지다. 당신에게 주어지는 시간은 24시간이
다. 누구에게나 공평한 시간을 적절하게 재배치하여 활용하
는 사람이 시간을 창조할 수 있다. 책상 위에 잡다한 물건들
을 정리하면 활용할 공간이 넓어지듯이, 시간을 낭비하는 요
소들을 없애면 새로운 시간을 창조할 수 있다. 하루의 생활을
돌아보고 '불필요한 것'이라고 생각되는 것들이 있다면 과감
하게 버리자. 그래야 새로운 시간을 만들 수 있다.

"주어진 시간을 도둑맞지 않도록 하라."

가끔 도둑 때문에 돈이나 물건을 잃어버리기도 하고 얘기
치 못한 곳에 구멍이 생겨서 물이나 전기를 흘려보내기도 한
다. 시간도 마찬가지다. '시간 도둑' 때문에 우리는 엄청난
손실을 보고 있다. 시간을 잘 관리하기 위해서는 자신의 생활
에서 시간 도둑이라고 생각하는 것들을 찾아서 없애야 한다.
일을 비효율적으로 처리하는 것 또한 최악의 시간 도둑이다.
해놓은 일을 다시 손대야 한다면 시간이 이중으로 소요되기
때문이다.

그러므로 무슨 일이든 철저히 하는 것이 시간의 누출을 막는 최선의 방법이다. 쉽게 결정하지 못하고 우물쭈물하는 사이에 도둑은 벌써 시간을 훔쳐들고 달아나버린다. 정리 안 된 책상에서 서류를 찾느라고 뒤적거리고, 불필요한 회의나 전화에 정신이 팔려 있는 동안 시간은 저 멀리 강을 건너버리고 말 것이다.

"어떤 일이든 미루지 마라."

무슨 일을 하기로 마음먹었으면 즉시 해야 한다. 지금 해야 할 일을 미루면 '지금'은 이미 지나가버린 시간이 된다. 일처리를 미루면 미룬 만큼 소중한 시간을 도둑맞고 낭비된다고 생각하라. 회사에서 자신이 해야 할 일을 미루면 다른 동료들에게 피해가 가며, 나 한 사람 때문에 모든 일정에 차질이 생기기도 한다. 오늘 할 일을 내일로 미루는 사람은 내일도 그 일을 절대로 하지 못한다. 일을 그때그때 미루지 않고 하면 황금 같은 자투리 시간도 덤으로 얻을 수 있다. 남들이 누리지 못하는 시간을 잘 활용하면 좀 더 나은 내일을 보장받을 수 있다.

시간을 효율적으로 알차게 쓰는 것도 중요하지만, 항상 시간에 좇기며 사는 사람은 시간의 노예가 될 수밖에 없다. 바쁘다는 말을 늘 입에 달고 사는 사람들은 사실 "나는 시간을 계획적으로 활용하지 못하는 사람입니다"라고 말하는 것과 마찬가지이다.

시간을 잘 관리한다는 것은 늘 빠듯한 일정 속에서 바삐 움직이는 것을 말하는 것이 아니라, 타이밍을 잘 맞춘다는 의미이다. 언제 어디에서 무슨 일을 해야 하는지 아는 사람과 빡빡한 일정이 적힌 스케줄표를 들고 무작정 뛰어다니는 사람은 어떤 차이가 있을까? 전자는 자기가 현재 하는 일에 최선을 다하는 사람이며, 후자는 바쁘다는 이유로 여러 가지 일을 다 소화하려는 욕심 많은 사람이다. 어떤 사람이 되고 싶은가?

남들은 모르고 나만 아는
창조의 즐거움

눈만 뜨면 새로운 것들이 넘쳐나는 세상이다. 우리 주변에도 조금만 관심을 가지고 보면 신기한 것이 널려 있다.

성공하는 사람들은 바로 그것에 관심을 갖는다. 그들의 머릿속에는 늘 "남과 같이 해서는 남다를 수 없다"는 자기만의 뚜렷한 목적의식이 있다. 성공하는 사람은 보이는 모든 것들이 자신의 성공을 돕기 위해서 존재한다고 믿는다. 사람들도 나의 성공을 돕기 위해서 존재한다고 믿기 때문에 귀하게 여긴다. 그러나 실패하는 사람은 세상살이가 마치 장애물 경기 같아 늘 힘에 겹다. 보이는 사람들 모두 나의 적이라고 믿기에 피하고 싶은 생각부터 든다. 성공할 의지가 있는 사람은 지금 보고 만나고 접한 현실이 바로 나의 성공의 출발지라고 믿기에 진지해진다. 매순간 사소한 것이라고 믿었던 것이 귀한 것으로 생각될 때 변화가 시작된다.

양을 치던 목동이 장미 가시가 있는 곳에 양들이 가까이 가지 못하는 것을 보고 날카롭게 자른 철사로 꼬아 만든 것이 지금의 철조망이다. 이순신 장군은 거북의 등을 보면서 거북선을 발명했는데, 배의 유선형 모양은 물고기의 몸체에서 아이디어를 얻었다. 라이트 형제가 비행기의 방향전환 시스템을 만들 수 있었던 것은 새들이 활공할 때 날개를 비틀어 방향을 바꾸는 것을 보고 생각한 것이다. 북경 올림픽에서 수영 8관왕에 오른 미국의 수영선수가 입은 레이저 수영복은? 상어가 빠른 속도로 질주할 때 물의 저항을 줄이고 추진력을 최대한 높일 수 있는 것이 상어의 코 아래 있는 부드러운 돌기 때문이라는 것에서 얻은 착상의 결과였다.

딱따구리는 집을 짓기 위해 하루에 시속 25킬로미터의 속도로 1,200번씩 한아름이나 되는 나무를 부리로 찍는다고 한다. 그러나 지금까지 그렇게 심한 박치기를 하고도 두통으로 죽었다는 말은 들어본 적이 없다. 딱따구리의 두개골에는 스펀지 같은 탄력이 있어 나무를 쪼는 순간에 눈알이 튀어나오는 것을 방지하기 위해 절묘하게 눈을 감는 지혜를 발휘한다

고 한다. 이런 원리를 잘만 이용하면 공사 현장에서 인부들이 착용하는 헬멧이나 자동차와의 충돌 때 생기는 충격을 줄일 수 있는 제품을 출시할 수 있을지도 모른다.

요즘 많은 사람들이 즐겨 사용하는 포스트잇도 사소한 실수를 통해서 얻은 값진 성공이었다. 3M의 한 직원이 한 번 붙으면 떨어지지 않는 강력한 접착제를 만드는 과정에서 포스트잇을 만든 것이다. 실수로 만든 접착력이 약하고 끈적이지 않는 접착제를 어디에 활용할 것인가에 대한 구체적인 대안이 나온 것은 그로부터 12년 후였다.

3M의 동료 중 한 명이 매주 교회에서 예배 중에 부를 부분을 쉽게 찾기 위해 찬송가에 끼워놓은 종이쪽지가 떨어지는 것을 안타깝게 생각하다가 뗐다 붙였다 할 수 있는 그 접착제를 생각해낸 것이다.

“해 아래 새로운 것은 없다”는 말이 있다. 결국 우리가 추구하는 새로운 것은 무에서 유로 만들어지는 것이 아니다. 오직 창조주만이 무에서 유를 만들 수 있고, 인간이 만들어내는 새로움의 발견은 어딘가에서 찾아낸 재발견일 뿐이다. 이미 존재하는 것들에 대해 상상력을 총동원해서 새롭게 해석하여 결합하고 변형시켜 새로운 것을 창출해야 성공할 수 있다. 이것은 사소한 것들로 가득 찬 이 세상을 뒤집어보려는 의지가 있을 때 가능한 일이며, 쉽게 지나칠 수 있는 것에 관심을 갖는다면 반짝이는 아이디어를 통한 새로운 결과를 만날 수 있을 것이다.

고무와 전선사업을 주력 업종으로 하던 노키아가 휴대전화 사업으로 대성공을 거둘 수 있었던 것은 혁신적인 사고의 전환에서 비롯된 것이다. 처음에는 발상전환에 따른 실패도 많았다. 그러나 그것을 통해 교훈을 얻을 수 있기 때문에 제2, 제3의 실수를 줄일 수 있다고 믿었다. 이렇게 날마다 반복하는 사소한 실수마저도 망각의 휴지통에 무의미하게 폐기처분할 것이 아니라, 그 실수 속에 담겨 있는 사소한 교훈을 얻을 수 있다면 진주 같은 보배로 거듭날 것이다.

변화를 이끌어가는 사람

변화에 대한 한 가지 진리가 있다. 이 세상에서 오직 변하지 않는 것은 "모든 것은 변한다!"라는 말이다. 이 말은 이 세상에는 만사가 변하는 것들뿐이라는 뜻이다. 생명이 있는 것이나 없는 것이나 흘러가는 세월과 함께 현재의 상태와는 다르게 순간순간 변화한다. 아침이 가면 저녁이 오듯이 우리의 일상생활도 끊임없이 변한다. 사람 또한 변한다.

이처럼 변화는 사물의 성질이나 모양, 상태는 물론 관습까지도 다르게 바뀐다. 이 변화를 피할 수 없는 것이 자연의 법칙이다. 고인 물은 썩기 마련이다. "나는 절대로 변하지 않는다!"고 강변하는 그 순간에도 우리는 변하고 있다. 기왕 이렇게 변하는 세상에서 살아야 한다면, 변화를 따라가는 사람이 되지 말고 이끌어가는 사람이 되어야 성공할 수 있다. 그래서 세상은 변하기 위해 존재하고 1분1초의 짧은 순간도 변화라는 전쟁터에서 빨리, 혹은 느리게, 전쟁을 치르고 있는 것이다.

많은 사람들은 자신이 살아온 과거라는 창고에 가득 쌓여 있는 경험이라는 재산을 가지고 있다. 그것이 얼마나 많은가에 따라서 그 사람이 가진 습관이 얼마나 오래된 것이고 요지부동의 힘이 있는가를 대변해준다. 사람들은 자신의 과거라는 창고에 쌓여 있는 과거라는 관습을 한순간에 버리는 것을 변화라고 생각하기 때문에 그것을 두려워한다.

그러나 아무리 과거라는 틀 속에서 변하지 않으려고 발버둥을 쳐도 변화의 파도를 피해갈 수 없다. 인류 역사가 그것을 증명하고 있다. 농경시대에는 먹고살기 위해서 농사를 지어 먹을거리를 해결했지만, 산업의 발달로 편리한 농기구가 발명되면서 대량생산이 가능해졌다. 또한 현재 4세대 통신기술의 혁명적인 변화는 우리의 생각과 말, 행동을 변화시켰다. 그래서 변화는 고통스러운 과정이다. 새로운 변화라는 정점에 도달하기 위해서는 현재의 안락함을 포기해야 할지도 모르기 때문이다.

앨빈 토플러는 1980년 그의 저서 《제3의 물결》에서 제1의 물결인 농업혁명은 수천 년에 걸쳐 진행되었지만, 제2의 물결인 산업혁명은 300년밖에 걸리지 않았으며, 제3의 물결인 정보화혁명은 향후 30년 내에 이루어질 것이라고 주장했다. 문제는 이 모든 변화가 사전에 정확한 예고를 하지 않고 갑작스럽게 다가오기 때문에 불안감, 불편함, 불확실성에 시달리게 된다는 점이다. 그러니 변화를 대하는 다수의 사람들이 저항하거나 비협조적인 태도를 취할 수밖에 없을 것이다.

변화를 수용하는 단계는 "인지단계→준비단계→추진단계→결실단계"로 발전한다. 이런 과정에서 변화를 시도하지 않으면 성장뿐만이 아니라 생존 자체가 불가능하다는 것이 더욱 심각한 문제이다.

나보다 먼저 변화를 시도하는 사람들의 말을 들어보면 마치 꿈을 꾸는 것과 같다. 만약 변화를 이끌어갈 자신이 없다면 최소한 방관자는 되지 말자. 그런 사람은 남의 불행을 보고도 못 본 척한다. 그런 사람이 되면 절대로 성공할 수 없다. 한편, 변화를 주장하는 사람의 뒷다리를 걸고 넘어가려는 얄팍한 술수를 부리는 사람들도 있다. 그들은 변화의 물결이 출렁이는 바다 위에서도 변화를 즐길 줄 모르고, 교묘하게 저항하거나 변화의 중간 평가를 늘어놓으며 자신의 위치를 부각

시킨다. 과연 그런 사람들이 성공대열에 설 수 있을까?

세상의 변화에 소극적인 사람은 자기 자신의 변화에도 두려움을 느낀다. 스스로 자신감을 상실하여 능동적으로 대처하지 못하고 수동적으로 눈치만 본다. 아무리 작은 변화라고 해도 갑작스레 당하면 누구나 당황하기 마련이다. 이는 그 변화가 주는 정확한 결과에 대한 긍정적인 확신이 결여되어 있기 때문이다. 그런 사람은 새로운 변화를 이해하고 수용할 수 있는 마음의 여유를 갖지 못해 스스로 불안의 감옥에 갇혀 산다. 물론 사람인 이상 갑작스러운 변화에 내몰렸을 때 저항하는 것은 당연한 일이다. 변화의 과정과 결과에 대한 의구심이 주는 눈높이가 다르기 때문이다.

변화를 두려워한다는 것은 자신이 지금 가지고 있는 기득권을 포기해야 할지도 모른다는 불안심리에서 나오는 것이다. 그러므로 변화를 주도하는 사람, 즉 리더는 언제나 대중에게 변화의 소중함을 일깨워주도록 노력해야 한다. 새로운 것이 자신의 삶을 더욱더 윤택하게 해준다는 것을 믿는 사람들만이 성공을 확신할 수 있다.

남보다 앞선 변화를 시도하는 사람들이 지금 당장 대중의 사랑을 받을 수 있을까? 변화라는 것은 기존의 질서를 무너트리는 일이기 때문에 현실에 안주하려는 보통 사람들은 다른 이들의 변화조차 용납하지 않으려고 한다. "하던 대로 하지. 그걸 바꿔서 뭐하려고?"라는 식의 말은 얼핏 들으면 괜한 일을 벌인다는 기분에 사로잡히게 만든다. 하지만 이 세상에 '최초' 아닌 것이 어디 있으며, '변화' 하지 않는 것이 또 어디 있겠는가? 변화의 시작에는 늘 어려움이 따르고 나의 생각에 동조하는 사람이 한 사람도 없는 것 않아 암담할 때도 있다. 하지만 이 세상은 변할 수밖에 없으며, 당신의 변화에 등 돌렸던 사람들도 언젠가 아낌없는 찬사를 보내줄 것이다.

근심, 걱정 모두 던져버리고!

낙천적인 사고를 갖고 살아가는 사람들은 실패를 경험하더라도 그것을 실패로 여기지 않는다. 실패에 맞닥트렸을 때 그들은 이렇게 다짐한다.

'실패란 할 수 있는 것을 하지 않은 것뿐이다. 나에게는 할 수 있는 힘이 있다.'

이렇게 생각하면 실패란 구제불능한 것이 아니라, 있을 수 있는 한 번의 실수일 뿐이다. 완전히 단념하지 않는 한 절대로 패배자가 되지 않는다고 다짐하기 때문에 다시 도전하여 성공의 기쁨을 맛볼 수 있다. 그러나 실패를 부둥켜안고 근심, 걱정이라는 어둠의 그림자를 만나면 다시 도전할 의욕을 잃은 채 모든 것을 포기하는 어리석은 사람이 되고 만다.

인간은 누구나 실수를 할 수 있다. "소 잃고 외양간 고친다"는 말이 있듯이 실수는 어느덧 훌륭한 교훈이 되어 당신을 성공으로 이끌어가는 힘이 되어줄 것이다.

어떤 아내가 남편의 회사 동료로부터 우연히 이런 말을 들었다.

"당신 남편은 다른 사람보다 항상 늦게 출근하기 때문에 상사의 신임을 잃어가고 있습니다."

그 다음날부터 아내는 남편을 30분 일찍 깨워 출근시켰다고 한다.

우리 주위에는 문제의 원인을 해결하지 않은 채 걱정만 하는 사람들이 많다. 해야 할 일은 하지 않고 자신의 능력에 의문만 갖는 경우는 또 얼마나 많은가! 또 남에게 자신의 진심을 전하거나 관계가 좋아지도록 노력도 하지 않은 채, 상대방의 선의를 의심하는 경우는 또 얼마나 많은가? 다시 말하지만 두려움이나 의심을 갖는 것은 자신의 적극적인 행동 부족에서 오는 것이다. 결국 자기 자신을 만드는 것은 본인 자신이다.

정원의 잡초가 무성하기 때문에 걱정이라면 당신이 할 일은 간단하다. 즉시 일어나 잡초를 뽑기만 하면 된다. 비만이 걱정이라면 식이요법에는 문제가 없는지, 충분한 운동은 하고 있는지 살펴봐야 한다. 잠을 이루지 못하고 뜬눈으로 밤을 지새운다면 그 원인이 무엇인지 찾아서 해결하는 것이 우선순위이다. 이때 필요한 것이 자기 동기부여와 행동이다. 자기가 해야 할 일을 하면 그것으로 족하다. 걱정이나 의심, 두려움은 문제점을 해결하기 위해 전력을 다하지 않을 때 생기는 감정이다. 그들은 다른 사람이 내 문제를 해결해주지 않을까, 하는 기대감으로 살고 있는 것이다.

걱정, 근심의 90퍼센트는 쓸데없는 것이며 두려움에서 발생한다. 두려움은 뭔가를 성취할 수 있는 힘을 빼앗고, 바라는 것을 갖지 못하도록 방해한다. 또한 기회 포착을 방해한다. 육체적으로 허약하게 하고 수명을 단축시키며, 실제로 질병에 걸리게 하기도 한다. 말을 하려고 할 때 혀가 굳어지게도 한다. 행동하기를 두려워하기 때문에 기회를 놓치는 사람들도 많다. 두려움은 새로운 도전의식도 꺾어버린다.

두려움에 대해 항상 느긋한 마음을 갖고 사는 사람이 있다. 그런 사람은 두려움 너머로 성취된 결과를 볼 줄 아는 뛰어난 안목을 가지고 있다. 두려움을 없애기 위해서는 신념과 행동이 필요하다. 자신을 믿고 문제를 해결할 수 있다고 믿는 것이다. 살아 숨 쉬고 있다는 것은 행동한다는 뜻이다. 그렇게 할 수 없는 사람이 불행의 포로가 되어 사람들로부터 외면 당하는 것이다.

우리가 염려하는 것들 중 40퍼센트는 아직 일어나지 않은 것, 30퍼센트는 과거에 일어난 것으로서 어쩔 수 없는 것, 12퍼센트는 타인에 관한 걱정으로 자신과는 전혀 상관이 없는 것, 10퍼센트가 현실 혹은 상상 속의 병에 관한 것이고, 나머지 8퍼센트만이 걱정할 가치가 있는 것이라고 한다.

우리는 그 8퍼센트조차에도 의문을 가져야 한다. 자신을 행복이나 목적 달성으로부터 멀어지게 하려는 걱정이나 의심, 두려움은 신념과 행동으로 거의 모두 물리칠 수 있다. 그런 믿음이 바로 자신만의 신앙이 된다. 아침마다 자신을 향해 다짐해보자.

"나는 왕이다. 오늘도 나는 모든 것을 다스릴 수 있다."
이런 사람이 성공하는 법이다.

두려움에 대해 크게 염려할 필요는 없다. 두려움에도 건전한 감정이 있기 때문이다. 가령 가족이나 자신의 미래를 염려하는 것은 당연한 일이다. 이러한 염려나 두려움은 건강한 것으로서 오히려 적극적인 행동을 촉진시키는 계기가 된다. 그러나 이러한 염려도 자신이 제어할 수 없을 정도로 커지면 문제가 된다.

자신에게 동기부여를 하라

〈바보처럼 살았군요〉라는 흘러간 가요를 오랜만에 들어보자.

"어느 날 낙엽 지는 소리에 갑자기 텅 빈 내 마음을 보았죠. 그냥 덧없이 흘려버린 그런 세월을 느낀 거죠. 잃어버린 것이 아닐까 늦어버린 것이 아닐까. 흘려버린 세월을 찾을 수만 있다면 얼마나 좋을까, 좋을까. 난 참 바보처럼 살았군요. 난 바보처럼 살았군요. 바보처럼, 바보처럼, 바보처럼……."

이 노래를 듣고 있노라면, 살아야 하는 이유를 찾지 못한 사람이 인생의 종착역에 도착해 자신에 대한 원망 섞인 고백을 내뱉는 것 같아 씁쓸한 기분이 든다. 그뿐인가? 직장생활을 하는 샐러리맨이 출근길에 읊조리는 절규도 있다.

"월요일은 언제나 싫지만, 오늘은 유난히도 싫은 월요일이구나. 아침에 눈을 뜬 순간부터 아니 잠이 들기 전 초저녁부터 나는 시달렸다. 나는 왜 매일 아침 일찍 일어나 회사에 가야만 하나, 안 가면 안 될까? 꼭 가야만 하나, 왜 가야만 하나? 안 가도 되는 방법은 없을까? 알려다오! 그대가 아는 그 비밀을……."

이는 자신에게 부여해야 할 삶의 동기가 제대로 입력되지 않았기 때문에 생기는 넋두리다. 동기부여는 정신적인 면과 육체적인 면 두 가지가 있다. "어딘가 가고 싶다"는 마음은 정신적 부분이다. "거기에 간다"는 행동은 육체적인 마음과 행동, 이 두 가지가 갖춰졌을 때 비로소 가고 싶은 곳으로 몸과 마음이 하나가 되는 것이다. 바로 이 동기부여, 즉 의지와 행동이 성공의 열쇠이다.

성공한 사람들은 한 가지 목표에 도달하면 보다 높은 목표를 향해 좀 더 큰 성공과 행복으로 가는 계단을 올라가기 시작한다. 물론 성공하는 사람들에게도 실망하는 일이 생긴다. 실패 때문에 좌절을 느끼기도 한다. 모든 것을 내팽개쳐 버리고 싶은 충동적인 순간도 있다. 그러나 그들에게는 보통 사람들과 다른 점이 있다. 실망이나 실패를 극복하는 방법을 알고 있느냐 없느냐의 차이이다. 이것이 바로 그가 성공하느냐 실패하느냐를 가늠하는 첩경이라 말할 수 있다.

어떻게 해야 행복과 성공을 얻을 수 있을까?

누구나 지금의 문제를 해결하기 위해서 땀을 흘리며 자신이 세운 목표를 향해 움직인다. 적극적으로 자신에게 동기부여를 하고 행동으로 옮기는 사람에게는 반드시 기적이 일어나게 되어 있다. 어떤 이들은 성공이나 행복이 팔자소관이라고 체념해버리는데, 이것은 잘못된 동기부여 때문에 일어나는 결과이다. 운이 좋고 나쁨에 좌우되는 것은 우연이지 진정한 동기부여의 산물이 아니다. 따라서 동기부여는 성공하는 비결임에 틀림없다. 종교를 가진 사람들에게 이것은 믿음과도 같은 것이다.

그런데 이 '믿음'은 마음가짐이자 견해이다. 다시 말해 삶을 살아가는 사고방식이다. 마음가짐은 지식과 경험에서 생겨난다. 더욱이 자신의 의식을 바꾸고자 하는 마음을 가지면 성공의 열매를 맺을 수 있다. 잠꾸러기가 성공하려면 아침형 인간이 되어야 한다는 말을 듣고 일찍 일어나겠다는 생각을 하면 그것이 바로 동기부여이다. 나에게 친절한 사람뿐만 아니라, 나를 싫어하는 사람에게도 친절하게 대하겠다고 생각하면 사람을 대하는 태도가 바뀐다. 이것이 바로 견해의 '바

꿈현상'이다. 견해가 바뀐 사람이 변한 사람이다.

　그러나 '나는 불행하다', '나는 나도 어찌할 수 없는 구제 불능의 인간이다' 하고 생각하면 성공 대신 실패와 좌절의 쓴 열매를 거둘 수밖에 없는 불쌍한 인간이 되고 만다. 그럴 때일수록 혼자서 고민하지 말고 훌훌 털어버리는 노력이 필요하다. 절망에 몸을 맡기는 것이 쉬운 이유는 거기에는 아무런 행동이나 에너지가 필요하지 않기 때문이다. 그러나 그렇게 하면 행복 또한 찾아오지 않는다.

　누구나 찬스를 잡고 싶어 한다. 찬스! 그것은 자신의 마음가짐에서 생기고, 만들고자 마음만 먹으면 사방에 널려 있다. 단, 찬스를 만들려면 무슨 일이든지 적극적인 태도로 임해야 한다. 자신에 대한 견해를 개선하고자 하는 강한 마음이 없는 사람은 자기 동기부여도 없다.

　믿음은 스스로에게 주는 최고의 선물이다. 우선 자신을 확실히 믿어야 한다. 믿을 것은 자기 자신뿐이라는 생각을 가져야 한다. 남의 도움은 그 순간뿐이다. 자신의 노력, 힘, 에너지를 움켜쥐고 내놓지 않는 사람에게 누가 투자를 하겠는가? 자기 스스로를 믿지 못하는데 누가 나를 믿겠는가? 자기 자신을 믿는다면 어떤 사람, 어떤 위치에 있든지 간에 미래를 향한 희망을 노래할 수 있다.

자신을 믿는 데 필요한 요소는 무엇일까?

❶ 행복한 사람이 되기 위해 지금 당장, 오늘, 이번 주에 해야 할 목표 리스트를 만든다.

❷ 목표에 도달하기 위해 거쳐야 할 단계를 체계적으로 작성한다.

❸ 기술, 배움, 인맥을 하나씩 쌓아가는 노력을 한다.

❹ 날마다 오늘 행한 것을 점검한다.

일상 속 작은 변화의 물결

우리는 누구나 변화를 일으킬 수 있는 가능성을 가지고 있다. 자신을 변화시킬 뿐만 아니라 남을 변화시킬 능력도 있다. 이 엄청난 변화의 소중한 자산을 활용하지 않는 것은 직무유기이다.

변화에는 원칙이 있다. 너부터가 아니라 나부터라는 원칙이다. 내가 변화를 주도하지 않으면 기회는 다른 사람에게 넘어가게 되어 있다. 내가 변화시키지 않는다고 그대로 멈춰 있는 것이 아니다. 세상은 변화될 수밖에 없기 때문이다. 다른 사람이 변한 것을 보고 그것을 따라 변화를 시도하는 것은 아무 소용없는 일이다. 반대로 나의 변화를 보고 남들이 따라 변할 때 비로소 내가 리더가 될 수 있다.

아침에 30분 일찍 일어나는 것도, 하루 10개의 영어단어를 외우는 것도 당신에게는 위대한 변화이다. 저녁마다 바보상자 앞에서 연속극을 보며 시간을 보내던 사람이 책을 읽는 것도 큰 변화이다. 무뚝뚝하게 밥만 먹었던 남편이 웃는 얼굴로 "오늘 저녁 참 맛있네" 하고 말하는 것도 엄청난 변화이다.

변화란 자신이 일하는 분야에서 반드시 성공을 거두어야 의미 있는 것이 아니다. 돈을 많이 벌어 사랑하는 아내와 자녀들에게 분에 넘치는 선물을 안겨 주는 것도 변화의 전부는 아니다. 높은 학식을 갖추거나 건강이 좋아야만 되는 것도 아니다. 또한 빌 게이츠처럼 비범한 능력을 꼭 소유할 필요도 없다. 자기 확신이 철철 넘치거나 특이한 존재가 되거나 작은 아파트에 살다가 큰 평수로 옮기는 것만이 변화는 아니다. 하는 일마다 실패하고 실수를 연발해도 그것이 자신을 변화시킨다면 그보다 더 큰 성공은 없다.

갑자기 중병에 걸려 생사를 헤맬 정도로 대수술을 받은 사람이 변화해 새 사람이 되는 경우도 있다. 사업에 실패한 후 각오를 새로 하고 평소 상상도 못할 의지로 거듭난 사람들도 주변에 많다. 발명왕 에디슨은 2천 번의 실패 속에서도 2천 번의 기회가 더 있다고 믿었기 때문에 세상을 변화시키는 사람이 될 수 있었다.

역사를 보면 세상을 변화시킨 수많은 인물들이 있다. 그들의 비전, 지도력, 그리고 용기 있는 행동이 제국을 흔들고 역사를 바꿔놓았다. 글자를 갖지 못한 백성들의 아픔을 헤아려 한글을 창제한 세종대왕, 왜침을 막아내는 데 결정적인 역할을 한 거북선을 만든 이순신, 숱한 어려움과 파괴의 암흑시대를 살아가야 했던 세계 각국의 많은 사람들에게 용기를 불어넣어준 처칠과 아이젠하워…….

세상에는 약간의 성공을 거둔 사람도 많다. 한 가문에도, 작은 기업체에도 있다. 심지어 몇 명 안 되는 회사에도 변화의 기수로 기억되는 사람들이 있다. 삶을 마감할 때 비록 역사를 바꾼 위대한 인물에 속하지 못해도 변화를 이끌어간 사람으로 남을 수 있다면 얼마나 좋을까?

힘이 들더라도 변화를 일으키는 사람이 되어야 하는 이유는 많다. 우리는 더불어 살아가는 사람들에게 변화를 통해 행복을 줄 수 있는 가능성을 갖고 있다. 그 변화를 통해 성취감을 맛본다는 것이 얼마나 신바람 나는 일인지 당신은 알고 있는가? 가치 있는 일에 시간과 에너지를 쏟아부을 때 삶에는 깊은 만족과 성취감이 흘러넘친다. 이 세상에 살고 있는 사람치고 생의 여정을 쓸데없이 낭비하고 싶은 사람은 아무도 없다.

모차르트는 어렸을 때부터 신동으로 불렸다. 겨우 4살의 나이에 하프시코드로 연주회를 가졌으며, 5살 때부터 작곡을 했다고 한다. 성경에 나오는 예수의 수제자 베드로 역시 변화를 일으킨 사람 중에 하나였다. 라합은 기생으로 일했지만 하나님의 도구로 쓰임을 받았다. 엘리자베스는 무지하고 늙은 여인이었으나 세례 요한의 어머니가 되었고, 마리아는 단순한 시골 처녀에서 메시아의 어머니가 되었다.

당신은 어떠한가? 특별히 훌륭하게 일을 완수하지 못했어도 변화를 일으키는 사람이 될 수 있다고 생각하는가? 마음만 먹으면 지금 당장 변화를 일으키는 사람이 될 수 있다. 그러기 위해서는 먼저 마음부터 고쳐야 한다. 부정적인 생각을 긍정적인 사고로 바꾸어야 한다. 나만 알던 사람이라면 상대도 나만큼 소중한 사람이라는 것을 아는 사람으로 변해야 한다.

변화를 주도하는 사람은 계속해서 성장하는 법이다. 그들은 지속적으로 독서를 하고 깨어나 근신하면서, 새로운 아이디어와 신선한 경험을 할 수 있도록 마음을 열어 놓는다. 한곳에 오래 머물러 있으면 자신에게 어떤 변화가 필요한지 잘 모르게 되고, 여러 사람들의 의견을 귀담아 듣지 않으면 늘 제자리걸음을 걸을 수밖에 없다. 늘 머리와 마음을 움직여 세상과 소통할 때 변화의 물결에 동참할 수 있을 것이다.

가슴으로 결단하고
날마다 실천하라

사람들은 날마다 새로운 결심을 한다. 뭔가를 결심하는 사람은 새로운 변화를 추구하고 있다는 증거이다. 그러나 그 많은 결심이 작심삼일로 끝나는 경우가 대부분이다. 그럴 경우 자신이 원하는 변화는 물 건너가기 십상이다. 당장 오늘 하루를 어떻게 보낼 것인가 결단하고 실천에 옮길 때 오늘과 내일이 달라질 수 있다. 자신이 처한 현실을 자기 책임으로 받아들이지 않으면 변화의 가능성이 없어진다. 자신의 현실이 다른 사람 때문이라는 이유를 대기 시작하면 결심의 생명력은 짧아진다.

현재는 과거에 뿌린 씨앗의 열매라는 것을 잊어서는 안 된다. 과거의 어떤 선택이 오늘의 나를 만들기 때문이다. 우리 생각에서 가장 먼저 바꿔야 하는 것은 '현재 상황이 내 책임'이라는 사실을 깨닫는 일이다. 현재 자신이 처한 상황을 책임진다면 앞으로 자신에게 주어질 새로운 환경도 책임질 수 있는 사람이 될 수 있다.

많은 사람들이 지혜와 지식을 종종 혼동한다. 지혜를 찾아 나서는 것은 지식을 얻는 것과 조금 다르다. 지혜에는 직관적인 요소가 들어 있다. 지혜는 지금까지 살아오면서 어떤 선택을 할 때 발휘되는 일종의 통찰력이다. 지혜를 얻기 위해서는 먼저 책을 읽어야 한다. 그저 손에 책을 들고 앉아 수동적으로 읽는 것이 아니라, 지혜를 찾아 나선다는 느낌으로 밑줄을 그어가며 읽어야 한다. 또한 성공한 사람들을 만나야 한다. 그들이 지금의 당신을 높은 수준으로 끌어올려줄 수 있고, 오랜 세월에 걸쳐 얻은 노하우를 가르쳐주기 때문이다.

자기 일에 대한 의지와 행동 없이는 어떤 결단도 소용이 없는데, 성공한 사람들이 내리는 결단은 무엇이 다를까?

"빨리 결단하라."

확신에 찬 용기를 가지고 순간의 기회를 포착하면 어떤 문제든 해결할 수 있다. 많은 사람들이 실패하는 이유는 불확실한 마음 때문이다. 불확실한 상태로 결정을 내리면 여러 가지 선택에 대해 혼란스러워 다른 사람의 의견을 계속 묻게 된다. 하지만 검토의 목적은 결론을 내리는 데 있다. 이 점을 잊지 말고 결단을 빨리 내리고 마음이 바뀌지 않도록 노력해야 한다. 결정을 내리고 행동에 옮기는 과정에서는 무엇보다 확신이 필요하다. 확고한 마음을 보여줄 때 많은 사람들이 당신을 뒤따르기 때문이다. 우리 삶을 가로막는 산이라고 여겼던 시련도 확고한 마음 앞에서는 눈 녹듯 스스로 녹아버린다.

"가슴으로 결단하라."

용서하는 마음을 가지고 지난 과거를 훌훌 털고 눈부신 미래를 맞이할 수 있다면 얼마나 좋을까? 마음속에 다른 사람을 향한 분노와 원한이 남아 있으면 영혼이 병들고 성장의 앞길도 막힌다. 가장 먼저 우리 자신을 용서하자. 대부분의 사람들은 늘 스스로에게 가장 신랄한 비평가가 되려고 안간힘을 쓴다. 얽매이지 않고 자유롭게 다른 사람을 용서하려면 먼저 우리 자신부터 용서해야 한다. 그래야 리더로서, 어머니로서, 아버지로서, 남편으로서, 아내로서 제대로 된 능력을 발휘할 수 있다.

"끈기를 가지고 결단하라."

끈기 있는 결단을 자기 것으로 삼아 얼마나 강한 의지로 잘 실천하느냐에 따라 오늘 하루의 승패가 갈린다. 어떠한 경우라도 끝까지 해낸다는 것은 노력으로 성공을 이룬다는 뜻이다. 도저히 할 수 있는 것이 없다고 생각될 때 다시 길을 찾아야 한다. 그때 우리에게 필요한 것이 바로 창의력이다. 혹시 자기 앞에 위기라고 생각하는 것이 있다면 대처방법을 적어보자. 그리고 침착하게 행동으로 옮기면 큰 문제도 어느새 작아져 있을 것이다.

사람들은 행복도 하나의 선택이라는 것을 알지 못한다. 매일 똑같은 일을 하며 살고 있지만 이는 그저 지금까지 그렇게 해왔기 때문이다. 하지만 "오늘 나는 행복한 사람이 될 것이다"라는 기쁨 가득한 결단을 내릴 때 더 즐겁게 살 수 있다. 물론 행복한 사람이 되기로 결심했다고 금세 행복해지는 것은 아니다. 그러나 꼭 한 가지 명심해야 할 사실이 있다면, 행복은 감사하는 마음을 가질 때 찾아온다. 살아 있다는 것, 숨 쉴 수 있다는 것, 나무, 공기, 가족, 친구, 음악, 사랑 등 고마워해야 할 일을 목록으로 작성하면 감사하는 마음이 가슴 속 깊이 충만해질 것이다.